[redacted]

English G 2000

Grammatikheft 1/2

für das
5. und 6. Schulja

Cornelsen

English G 2000

Herausgeber
Prof. Hellmut Schwarz, Mannheim

Grammatikheft
zu den Bänden 1 und 2
der Ausgaben A, B und D

Erarbeitet von
Uwe Tröger, Hannover
auf der Grundlage des
Grammatikheftes English G • Neue Ausgabe
von StD Erich Fleischhack, Ebern/Unterfranken

Beratende Mitwirkung
StD Erich Fleischhack, Ebern/Unterfranken
Prof. Hellmut Schwarz, Mannheim
Hartmut Tschepe, Berlin

Zeichnungen
David Barnett, Oadby, Leicester

Gestaltung und technische Umsetzung
Susanne Meyer, Uwe Tröger

1. Auflage ✔
Druck 5 4 3 2 Jahr 02 01 2000 99

Alle Drucke dieser Auflage können im Unterricht nebeneinander verwendet werden.

Druck: CS-Druck Cornelsen Stürtz, Berlin

ISBN 3-464-35763-5

Bestellnummer 357635

gedruckt auf säurefreiem Papier, umweltschonend hergestellt aus chlorfrei gebleichten Faserstoffen

Inhaltsverzeichnis

Was enthält dieses Grammatikheft?

Es erklärt ausführlich den gesamten Grammatikstoff der Bände 1 und 2 des Lehrbuchs *English G 2000*.

Wie findest du, was du suchst?

Drei Verzeichnisse führen dich durch das Grammatikheft:

- Im **Inhaltsverzeichnis** vor dieser Seite kannst du nachschlagen, wenn du ein bestimmtes grammatisches Kapitel suchst.
  Beispiel: Du möchtest etwas über den Artikel wissen. Im Inhaltsverzeichnis findest du
  Der Artikel The article .... 41 **71–72.**
  Der Artikel wird also auf Seite 41 in den Abschnitten 71 bis 72 behandelt.

- Der **Wegweiser** ganz am Anfang des Grammatikheftes bezieht sich auf die Units des Lehrbuchs *English G 2000*. Im Wegweiser solltest du nachschlagen, wenn du wissen möchtest, in welchen Abschnitten des Grammatikheftes du den Grammatikstoff einer bestimmten Unit findest.
  Beispiel: **Band 1 Unit 3 Imperativ 20**
  bedeutet, dass du die Erläuterungen zum Imperativ in Abschnitt 20 findest.

- Im **alphabetischen Register** am Ende des Grammatikheftes kannst du grammatische Strukturen und wichtige Wörter einzeln nachschlagen und feststellen, in welchen Abschnitten sie behandelt werden.

Was bedeuten die Zeichen und Abkürzungen?

Die Zahlen und Buchstaben nach einem Abschnitt sagen dir, wo dieses Thema in den verschiedenen Ausgaben* des Lehrbuchs *English G 2000* behandelt wird:

2: 1 / 2: 2	bedeutet **Band 2, Unit 1** und **Band 2, Unit 2** (alle Ausgaben)
A2: 3 • B2/D2/D2+: 4	bedeutet **Band 2 der Ausgabe A, Unit 3**, und **Band 2 der Ausgaben B, D und D+, Unit 4**.
▶ *mustn't:* 33	Der Pfeil ▶ verweist auf andere Abschnitte des Grammatikheftes, in denen du weitere Informationen zu dem gerade behandelten Thema findest. Das Beispiel links verweist auf Abschnitt 33, Thema *mustn't*.
⚠	Hier stehen Hinweise, die du besonders beachten solltest, um Fehler zu vermeiden.
K	Das „K" steht für „Kontrast". Du findest es immer dort, wo auf Unterschiede zwischen dem Englischen und dem Deutschen hingewiesen wird.

* Wenn du nicht weißt, mit welcher Ausgabe von *English G 2000* du arbeitest, sieh mal unten links auf dem Umschlag deines Englischbuches nach.

Der Satz (The sentence)

1 Satzarten (Sentence types)

Du weißt sicherlich, dass es verschiedene Arten von Sätzen gibt. Weißt du auch, wie die einzelnen Satzarten heißen und wozu man sie verwendet?

Ben has got a computer.

- Mit einem **bejahten Aussagesatz** ***(positive statement)*** sagst du etwas aus, zum Beispiel was jemand hat, was jemand tut, wie etwas ist.

Sita hasn't got a sister.

- Mit einem **verneinten Aussagesatz** ***(negative statement)*** sagst du auch etwas aus, nämlich was jemand nicht hat, was jemand nicht tut, wie etwas nicht ist.

Can I see your hamster?
Where is it?

- Mit einem **Fragesatz** ***(question)*** stellst du Fragen.
  Bei **Entscheidungsfragen** ***(yes/no questions)*** erwartest du die Antwort „Ja" oder „Nein".
  Mit **Fragen mit Fragewörtern** ***(questions with question words)*** kannst du z.B. fragen, wo etwas ist, wer etwas tut oder wann etwas geschieht.

Nick, help Dad in the kitchen, please.
Don't watch TV now.

- Mit einem **Aufforderungssatz** ***(imperative)*** forderst du jemanden auf, etwas zu tun oder etwas nicht zu tun.

What a nice cat!
Oh, no!
Very funny, Nick!

- Mit einem **Ausrufesatz** ***(exclamation)*** bringst du ein Gefühl zum Ausdruck, z.B. dass dich etwas begeistert, überrascht oder ärgert.

2 Haupt- und Nebensätze (Main clauses and subordinate clauses)

Mr Baker is happy.
Sita can't play chess today.
There's a film club at our school.

Dies sind einfache **Hauptsätze**. Wenn du mehr sagen möchtest (z.B. warum Sita heute nicht Schach spielen kann), dann kannst du Nebensätze mit den Hauptsätzen verbinden.

Satzgefüge (Complex sentences)

Hauptsatz (Main clause)	Nebensatz (Subordinate clause)
Mr Baker is happy	when Nick helps him.
Sita can't play chess today	because she must do her homework.
There's a film club at my school	where we can go after lessons.

Der **Hauptsatz** ist dem **Nebensatz** übergeordnet. Ein Nebensatz ist meist nur in Verbindung mit einem Hauptsatz verständlich. Hauptsatz und Nebensatz bilden ein **Satzgefüge**.

3 Satzglieder (Clause elements)

Subject	**Verb***
Jenny	is laughing.
My brother	can't swim.

Subject	**Verb**	**Object**
Sita and Sanjay	washed	the dishes.
Nick	can draw	the birthday cards.

Subject	**Verb**	**Complement****
My school bag	is	red.
Shopping	can be	fun.

Subject	**Verb**	**Adverbial**
Ben	lives	in Ashton.
The shop	opens	at 8 o'clock.

Sätze bestehen aus mehreren Teilen. Man nennt diese Teile **Satzglieder** ***(clause elements)***.

Das **Subjekt** ***(subject)*** nennt die Person oder die Sache, über die im Satz etwas gesagt wird.

Das **Prädikat** ***(verb*)*** und seine **Ergänzungen** sagen etwas über das Subjekt aus.

Ergänzungen können sein:
- ein **Objekt** ***(object)***
- eine **prädikative Ergänzung** ***(complement)*** **
- eine **Umstandsbestimmung**, auch **adverbiale Bestimmung** genannt ***(adverbial)***.

* Mit dem Wort *verb* bezeichnet man im Englischen nicht nur die **Wortart** Verb, sondern auch das Prädikat (das **Satzglied**).

** Ein Adjektiv oder Nomen, das nach einer Form von *(to) be* steht, bezieht sich auf das Subjekt und wird daher als **(prädikative) Ergänzung zum Subjekt** ***(subject complement)*** bezeichnet.

Wortstellung (Word order)

4 Bejahte Aussagesätze (Positive statements)

Subject	Verb	Object
Debbie	likes	zoos.
Ben	can speak	a little German.
Nick and Debbie	are cleaning	their rooms.
Trundle	has packed	his bag.

In englischen Aussagesätzen steht das **Subjekt** vor dem **Prädikat** ***(verb)*** und das **Objekt** direkt nach dem **Prädikat**. Die Wortstellung ist also **S - V - O**.

Vermeide Unfälle – achte auf die Straßen-Verkehrs-Ordnung (SVO)!

K Debbie and Nick **have tidied up their rooms**.
Debbie und Nick **haben ihre Zimmer aufgeräumt**.

- Auch bei zusammengesetzten Zeiten bleibt die Wortstellung **S - V - O**.

When she comes home, **Miss Hunt makes** tea.
Wenn sie nach Hause kommt, **macht Miss Hunt** Tee.
After school **Ben plays** football.
Nach der Schule **spielt Ben** Fußball.

- Das **Subjekt** steht **vor dem Prädikat**, auch wenn der Satz mit einer adverbialen Bestimmung *(when she comes home; after school)* beginnt.

Sita often **plays chess**. And she **plays chess** well.
Sita **spielt** oft **Schach**. Und sie **spielt** gut **Schach**.

- Adverbiale Bestimmungen *(often; well)* können **nicht** zwischen Prädikat und Objekt treten.

Sita **can play chess**.
Sita **kann Schach spielen**.

- Hilfsverb *(can)* und Vollverb *(play)* bilden im Englischen eine Einheit. Sie dürfen nicht durch ein Objekt *(chess)* getrennt werden.

1:7

Wortstellung in Aussagesätzen:

S - V - O

5 Verneinte Aussagesätze (Negative statements)

Subject	Verb: Auxiliary + not	Verb: Main verb	Object
Sita	isn't	playing	chess at the moment.
Marmalade	doesn't	like	music.
The Guptas	don't	play	hockey.
Nick	hasn't	cleaned	his room.
I	can't	come	today.

Wie in bejahten Aussagesätzen steht auch in verneinten Aussagesätzen das **Subjekt** vor dem **Prädikat** ***(verb)*** und das **Objekt** direkt nach dem **Prädikat** ***(verb)***: **S - V - O**.

Das **Prädikat** eines verneinten Satzes besteht aus zwei Teilen:

- **Hilfsverb *(auxiliary)* + *not***
  und
- **Vollverb *(main verb)***.

		Auxiliary (+ not)	Main verb	
Bejahte Sätze **mit Hilfsverb**:	Sita	is	playing	chess.
	I	can	speak	English.
	Ben	has	washed	the dishes.
Verneinte Aussagesätze:	Sita	isn't	playing	cards.
	I	can't	speak	French.
	Ben	hasn't	washed	the car.

Wenn das Prädikat bereits ein Hilfsverb enthält (z.B. *is, can, has*), wird ***not*** (Kurzform: ***n't***) an das Hilfsverb angehängt.

		Auxiliary (+ not)	Main verb	
Bejahte Sätze **ohne Hilfsverb**:	Trundle		likes	music.
	Sita		played	chess yesterday.
Verneinte Aussagesätze:	Trundle	doesn't	like	football.
	Sita	didn't	play	cards.

Wenn das Prädikat **kein** Hilfsverb enthält, verwendest du

- im *simple present*:
  do/does + ***not*** + Infinitiv des Vollverbs,
- im *simple past*:
  did + ***not*** + Infinitiv des Vollverbs.

Kurzformen: *don't/doesn't* bzw. *didn't*

1: 5 / 2: 1

K They **don't like their new school**.
Sie **mögen ihre neue Schule nicht**.

I **can't help you** today.
Ich **kann dir** heute **nicht helfen**.

In verneinten Sätzen:

auxiliary + not + main verb

⚠ Sanjay **does** judo every week.
Sita **doesn't do** judo.
Nick **did** his homework yesterday.
Debbie **didn't do** her homework yesterday.

Auch das Vollverb *do* (deutsch: „machen, tun") muss im *simple present* mit *do/does + not* und im *simple past* mit *did + not* verneint werden.

Fragesätze (Questions)

6 Can Ben speak German?
Does Miss Hunt play chess?
Where do the Bakers live?
What are you doing?

Es gibt zwei Arten von Fragesätzen:

- **Entscheidungsfragen** ***(yes/no questions)***
- **Fragen mit einem Fragewort** ***(questions with a question word).***

7 Entscheidungsfragen (Yes/No questions)

Auxiliary	Subject	Main verb	Object	
Can	**you**	play	football?	
Is	**Debbie**	writing	a letter?	
Has	**Nick**	cleaned	his room?	
Do	**you**	live		in England?
Does	**Miss Hunt**	play	chess?	
Did	**they**	like	the show?	

1:6/2:1

In Entscheidungsfragen steht das **Hilfsverb *(auxiliary)* vor dem Subjekt.** Vergleiche:
*Sita **is** reading.* (Aussagesatz)
***Is** Sita reading?* (Frage)

K **Can** Trundle **play football**?
Kann Trundle **Fußball spielen**?

Do you **like** pop music?
Magst du Popmusik?

Wenn im Aussagesatz **kein Hilfsverb** vorhanden ist, musst du bei der Fragebildung ***do/does*** (im *simple present*) bzw. ***did*** (im *simple past*) vor das Subjekt setzen. Das Vollverb *(main verb)* steht im Infinitiv.
Vergleiche:
*Sita **played** chess.* (Aussagesatz)
***Did** Sita **play** chess?* (Frage)

8 Fragen mit Fragewörtern (Questions with question words)

Question word	Auxiliary	Subject	Main verb	Object
What	are	**you**	doing?	
Why	can't	**we**	have	a pet?
Where	do	**the Scotts**	buy	their clothes?
When	does	**the match**	start?	
Who	did	**you**	meet?	

1:6/2:1

▶ Wortstellung in Fragen nach dem Subjekt: 9

In Fragen mit Fragewörtern steht das Hilfsverb vor dem Subjekt.
Wortstellung: **Fragewort – Hilfsverb – Subjekt.** (Beachte: Fragen nach dem Subjekt – ▶ 9)
Vergleiche:
*Sita **played** chess.* (Aussagesatz)
***What did** Sita **play**?* (Frage)

⚠

	Auxiliary		Main verb	
	Do	you	**do**	judo every Friday, Sanjay?
What	does	Ben	**do**	on Sundays?
When	did	Sita	**do**	her homework?

Auch Fragen mit dem Vollverb *do* (deutsch: „machen, tun") werden im *simple present* mit *do/does* und im *simple past* mit *did* gebildet.

In Fragen:
***do/does/did* oder**
ein anderes Hilfsverb

9 Fragen nach dem Subjekt (Subject questions)

	Subject	Verb	Object	
Aussagesatz:	Sita	helps	her parents	on Fridays.
Fragesatz:	Who	helps	her parents	on Fridays?
Aussagesatz:	Jenny	loves	cats.	
Fragesatz:	Who	loves	cats?	
Aussagesatz:	A ghost	made	that sound.	
Fragesatz:	What	made	that sound?	

Mit *who* (deutsch: „wer?") und *what* kannst du auch nach dem Subjekt fragen. **Fragen nach dem Subjekt** werden **ohne** ***do/does/did*** gebildet. Die Wortstellung ist wie in Aussagesätzen: **S (= *Who/What*) - V - O**.

Subject questions	**Object** questions
Who helps Nick?	**Who** does Debbie **help**?
(**Debbie** helps Nick.)	(Debbie helps **Nick**.)
Wer hilft Nick? – Debbie.	**Wem** hilft Debbie? – Nick.
What made that sound?	**What** did the ghost **make**?
Was machte das Geräusch?	**Was** machte der Geist?

Mit *who* und *what* kannst du nach dem Subjekt („Wer oder was?") oder nach dem Objekt („Wen/Wem oder was?") fragen. Nur in Fragen nach dem Objekt steht *do/does/did*.

2: 2

Fragen nach dem Subjekt <u>ohne</u> *do/does/did*

10 Nebensätze (Subordinate clauses)

Hauptsatz	**Nebensatz (Subordinate clause)**	Subject	Verb	Object
Please tell me	why	you	like	zoos.
I like zoos	because	I	love	animals.
This is the cage	where	they	feed	the lions.
I always watch	when	they	feed	the lions.
I don't know	how	we	can help	the zoo.

Englische Nebensätze haben dieselbe Wortstellung wie Hauptsätze: **S - V - O**.

K I like zoos because I **love animals**.
Ich mag Zoos, weil ich **Tiere liebe**.

1: 7

Wortstellung auch in Nebensätzen:

S - V - O

Stellung der Adverbien (Position of adverbs)

11 Adverbien der Häufigkeit / der unbestimmten Zeit (Adverbs of frequency / of indefinite time)

Jenny **is** never lonely.
The girls **were** always happy.
I'**m** just looking.

Adverbien der Häufigkeit und der unbestimmten Zeit *(already, always, ever, just, never, often, sometimes, soon, usually)* stehen

- **nach** *am/are/is* und *was/were*

	Adverb	Main verb	
Sita	usually	**helps**	her parents.
Does Jenny	always	**feed**	Marmalade?
Sally **didn't**	often	**come**	home late.
My sister **can**	already	**swim**.	
We'**ve**	never	**been**	to London.
Have you	ever	**tried**	Indian food?
The twins **have**	just	**phoned**.	
We'**ll**	soon	**be**	home.

- direkt **vor** dem Vollverb.

I don't want to go to 'Rocky VI' – I've seen it before.
Have Ben's cousins been to England before?
Has Debbie talked to Sanjay yet?
The match has**n't** started yet.

⚠ **Ausnahmen:**
Die Adverbien ***before*** und ***yet*** stehen **am Satzende**.

Ein unzertrennliches Paar!

K Sally often **plays tennis.**
Sally **spielt** oft **Tennis**.

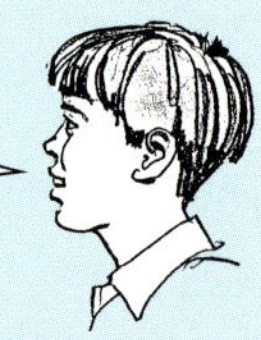

1: 5 / 2: 1 / 2: 5

always, already **usw. stehen**

- **direkt vor dem Vollverb**

- **aber nach *am, are, is, was, were.***

12 Adverbien der Art und Weise (Adverbs of manner)

	Verb	Adverb of manner	
Sanjay's team	**played**	badly	last Saturday.
You must always	**drive**	carefully.	

	Verb	Object	Adverb of manner
We	did	**our homework**	quickly.
Nick	washed	**the dishes**	carefully.

Für die Stellung der Adverbien der Art und Weise wie *carefully, badly, quickly* musst du dir zwei Regeln merken:

- In Sätzen **ohne Objekt** stehen sie direkt **nach dem Vollverb**.
- In Sätzen **mit Objekt** stehen sie **nach dem Objekt**.

K Nick **washed the dishes** carefully.
Nick **wusch** vorsichtig **das Geschirr ab**.

A2: 4 • B2/D2/D2+: 6
▶ Adverbien der Art und Weise: 86–91

He's driving slowly.

13 Adverbiale Bestimmungen des Ortes und der Zeit (Adverbials of place and time)

Subject	Verb	Object	Adverbial of place	Adverbial of time
Sita	helped	her parents	in the kitchen.	
We	start	school		at 8 o'clock.
She	works		at a hospital	from 9 to 5.
Sanjay	does	judo	in the gym	every Friday.

Im Englischen stehen Orts- und Zeitangaben **meist am Satzende**. Sie stehen nie zwischen Vollverb und Objekt.

Wenn ein Satz eine Orts- und eine Zeitangabe enthält, gilt:
Ort vor Zeit *(place before time)* – wie im Alphabet: **O vor Z** *(p before t)*.

K I was **in Chester yesterday**.
Ich war **gestern in Chester**.

K On Mondays **Sita plays** chess **in the chess club**.
Montags spielt Sita Schach **im Schachklub**.

Manchmal will man die Zeitangabe an den Anfang des Satzes stellen. Die Wortstellung bleibt dann trotzdem – anders als im Deutschen – **S-V-O**.

1: 7

14 Wortarten (Word classes / Parts of speech)

		Die Wörter einer Sprache lassen sich in Wortarten einteilen. Die folgende Übersicht erklärt dir, wie die einzelnen Wortarten heißen, was sie bezeichnen oder worüber sie etwas aussagen.
verbs	read rain live swim be	**Verben** (Zeitwörter, Tätigkeitswörter) bezeichnen, was jemand tut, was sich ereignet, was ist.
nouns	Nick girl table tea question problem time	**Nomen** (Substantive, Hauptwörter) bezeichnen Lebewesen, Dinge, Vorstellungen und Ideen.
adjectives	good quick interesting nice happy red	**Adjektive** (Eigenschaftswörter) sagen etwas über die Eigenschaften einer Person oder Sache.
adverbs	today yesterday almost here there always quickly	**Adverbien** (Umstandswörter) drücken aus, wann, wo, wie oft, wie etwas getan wird oder etwas geschieht.
determiners and pronouns:		**Begleiter** gehören zu einem Nomen und gehen ihm voran. **Pronomen** (Fürwörter) stehen für ein Nomen.
articles	the a/an	• **bestimmter** und **unbestimmter Artikel** (Geschlechtswort)
possessives	my your his her its our their mine yours his hers ours theirs	• **Possessivbegleiter** und **Possessivpronomen** (besitzanzeigende Begleiter und Pronomen) drücken Besitz oder Zugehörigkeit aus.
demonstratives	this that these those	• **Demonstrativbegleiter** und **Demonstrativpronomen** (hinweisende Begleiter und Pronomen) weisen auf etwas hin.
quantifiers	a lot (of) lots (of) much many some any every no	• **Mengenangaben**
personal pronouns	I you he she it we they me him her us them	• **Personalpronomen** (persönliche Fürwörter) stehen stellvertretend für ein Nomen.
question words	who what whose when where why how	**Fragewörter** leiten Fragen ein.
prepositions	at behind between in on up after before	**Präpositionen** (Verhältniswörter) kennzeichnen z.B. örtliche und zeitliche Verhältnisse.
conjunctions	and but or when because	**Konjunktionen** (Bindewörter) verbinden Wörter oder Sätze.

Das Verb (The verb)

15 **main verbs:** give, play, read, run, write, be, have, do, …
auxiliary verbs: be, have, do, can, must, …

▶ *be:* 22–25 ▶ *have:* 26–29 ▶ *do:* 5, 7, 8
▶ Modale Hilfsverben: 30–37

Die englischen Verben lassen sich einteilen in **Vollverben *(main verbs)*** und **Hilfsverben *(auxiliary verbs)*.**
⚠ ***be, have*** und ***do*** können sowohl Hilfsverb als auch Vollverb sein.

Formen des Vollverbs (Forms of the main verb)

Von jedem **Vollverb** gibt es mehrere Formen (▶ 16–20).

16 Der Infinitiv (The infinitive)

(to) **play**, (to) **help**, (to) **change**, (to) **write**, (to) **take**

K (to) play – spiel**en**; (to) help – helf**en**; (to) change – änder**n**; (to) write – schreib**en** 1: 3

Der **Infinitiv** ist die **Grundform** eines Verbs.
Im Deutschen endet der Infinitiv immer auf „-en" oder „-n". Im Englischen hat der Infinitiv keine Endung.

Infinitiv ohne *to*	Infinitiv mit *to*
Let's **watch** TV.	Try to **say** that in English.
Jenny can **sing** and **dance**.	She helped him to **tidy up**.
I must **go** home now.	It's time to **go** home.

Der Infinitiv wird **mit** und **ohne *to*** verwendet.

K Try to **say** that in English.
Versuch das auf Englisch zu **sagen**.
It's time to **go** home.
Es ist Zeit, nach Hause zu **gehen**.

Aber: I **would like** to **go** home.
Ich **möchte/würde gern** nach Hause **gehen**.
Nick **wants** to **see** Ben's new computer.
Nick **möchte/will** Bens neuen Computer **sehen**.

In den meisten Fällen entspricht der englische Infinitiv mit *to* dem deutschen Infinitiv mit „zu".

Beachte aber die englischen Entsprechungen von „etwas (gern) tun wollen": *want* ***to*** *do something*
would like ***to*** *do something.*

17 Die *-ing*-Form (The *-ing* form)

playing, **help**ing, **chang**ing, **writ**ing, **tak**ing 1: 3

▶ Besonderheiten bei der Schreibung: 43

Die *-ing*-Form bildest du, indem du *-ing* an den Infinitiv anhängst.

18 Die *simple past*-Form (The simple past form)

regelmäßige Verben: **play**ed, **help**ed, **chang**ed
unregelmäßige Verben: wrote, took 2: 1 / 2: 2

▶ Schreibung und Aussprache der *simple past*-Form der regelmäßigen Verben: 47

Die *simple past*-Form der **regelmäßigen Verben** bildest du, indem du *-ed* an den Infinitiv anhängst.
Die **unregelmäßigen Verben** haben eine eigene Form.

19 Das Partizip Perfekt (The past participle)

regelmäßige Verben: **play**ed, **help**ed, **chang**ed
unregelmäßige Verben: written, taken 2: 5

Schreibung und Aussprache ▶ *simple past*-Form der regelmäßigen Verben: 47

Das Partizip Perfekt der **regelmäßigen Verben** bildest du, indem du *-ed* an den Infinitiv anhängst.
Die **unregelmäßigen Verben** haben eine eigene Form.

20 Der Imperativ (The imperative)

Go, please.
Geh, bitte! / Geht, bitte! / Gehen Sie, bitte!
Don't sing.
Sing nicht! / Singt nicht! / Singen Sie nicht! 1: 3

Im Englischen hat der **Imperativ** (die Befehlsform) dieselbe Form wie der Infinitiv (ohne *to*).
Verneinte Imperative bildest du, indem du *don't* voranstellst.

21 Hilfsverben (Auxiliary verbs)

Hilfsverben: **be** (am, are, is, was, were)
have (have, has, had)
do (do, does, did)

Modale Hilfsverben:

can/can't	**could/couldn't**
must/mustn't	**may**
needn't	**should**

▶ Modale Hilfsverben: 30–37

Bei den Hilfsverben unterscheidet man zwei Gruppen:

- Die **Hilfsverben *be, have*** und ***do*** werden zur Bildung der Zeitformen des Vollverbs im bejahten Aussagesatz, im verneinten Aussagesatz und im Fragesatz verwendet.
- **Modale Hilfsverben** drücken aus, dass etwas sein oder geschehen **kann, muss, darf** oder **soll.**

be (sein)

22 Infinitiv: That must **be** Ben. Ask him **to be** careful.
Imperativ: **Be** careful. **Don't be** silly. 1: 1

Das Verb *be* entspricht dem deutschen Verb „sein".

23 Gegenwart (Present tense)

Positive statements

Long forms		Short forms	
I **am**	twelve.	I'**m**	twelve.
You **are**		You'**re**	
He/She/It **is**		He'**s**/She'**s**/It'**s**	
We **are**		You'**re**	
You **are**		We'**re**	
They **are**		They'**re**	

1: 1

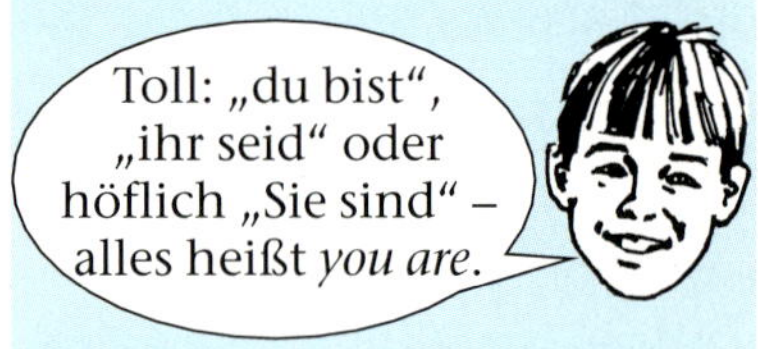

Negative statements

Long forms		Short forms	
I **am not**	eleven.	I'**m not**	eleven.
You **are not**		You **aren't**	
He/She/It **is not**		He/She/It **isn't**	
We **are not**		You **aren't**	
You **are not**		We **aren't**	
They **are not**		They **aren't**	

1: 1

Bei den verneinten Kurzformen fällt das „o" von *not* weg.
⚠ **Ausnahme:**
I am not → I'm not

Questions			Short answers			
Am I	eleven? / twelve?	Yes,	I am.	No,	I'm not.
Are you			you are.		you aren't.
Is he / she / it			he / she / it is.		he / she / it isn't.
Are we			you are.		you aren't.
Are you			we are.		we aren't.
Are they			they are.		they aren't.

What's your name? – Debbie.
When's your birthday? – On 12th April. 1:1

Auf Entscheidungsfragen antwortet man im Englischen meist mit einer so genannten Kurzantwort, nicht nur mit *Yes* oder *No*.

⚠ Bei „Ja"-Antworten niemals Kurzformen!
Also **nicht**: ~~*Yes, I'm.*~~
sondern: *Yes, I am.*

Auch nach Fragewörtern wird *is* oft zu *'s* verkürzt.

24 Vergangenheit (Past tense)

Positive statements		Negative statements	
I was	in Chester.	I wasn't	in London.
You were		You weren't	
He / She / It was		He / She / It wasn't	
We were		You weren't	
You were		We weren't	
They were		They weren't	

2:1

Langformen:
I/He/She/It ***was not***
We/You/They ***were not***

Questions		Short answers
Were you in Chester	yesterday?	Yes, I was.
Was he in London		No, he wasn't.
Were they in Chester		Yes, they were.

Where was he yesterday? – In Chester.
When were you in Chester? – Yesterday. 2:1

25 *There is … / There are …*

There's a boy at the door.
An der Tür ist ein Junge. / Es ist ein Junge an der Tür.
Is there a restaurant near here?
– Yes, there is. / No, there isn't.
Gibt es hier in der Nähe ein Restaurant?
– Ja (, gibt es). / Nein (, gibt es nicht).
There are lots of books on the table.
Auf dem Tisch liegen viele Bücher.
There was a good film on TV yesterday.
Es gab gestern einen guten Film im Fernsehen.
1:4

Das Wort *there* bedeutet nicht nur „da, dort".
Mit *There is …* (Kurzform: *There's …*) und *There are …* kannst du auch sagen, dass etwas vorhanden ist.
Im Deutschen benutzt man meist „Es gibt", „Es ist/sind" oder Sätze mit „liegen", „stehen".

have (got) (haben)

Das Verb *have (got)* entspricht dem deutschen Verb „haben, besitzen".

26 Infinitiv: Can I **have** a pet?
It's nice **to have** a dog. 1: 2 / 2: 2

27 Gegenwart (Present tense)

Positive statements

Long forms		Short forms	
I **have got**	a cat.	I**'ve got**	a cat.
You **have got**		You**'ve got**	
He/She/It **has got**		He**'s**/She**'s**/It**'s got***	
We **have got**		You**'ve got**	
You **have got**		We**'ve got**	
They **have got**		They**'ve got**	

Ich habe eine Katze. / Du hast eine Katze. *usw.* 1: 2

Negative statements

Long forms			Short forms		
I	**have not got**	a dog.	I	**haven't got**	a dog.
You	**have not got**		You	**haven't got**	
He / She / It	**has not got**		He / She / It	**hasn't got**	
We	**have not got**		You	**haven't got**	
You	**have not got**		We	**haven't got**	
They	**have not got**		They	**haven't got**	

Ich habe keinen Hund. / Du hast keinen Hund. *usw.* 1: 2

Auf Entscheidungsfragen mit *have got* antwortet man meist mit einer Kurzantwort. In der Kurzantwort entfällt das *got*.

⚠ Bei „Ja"-Antworten niemals Kurzformen!
Also **nicht**: ~~*Yes, I've.*~~
sondern: *Yes, I have.*

Questions		Short answers					
Have I **got**	a cat?	Yes,	I	**have.**	No,	I	**haven't.**
Have you **got**			you	**have.**		you	**haven't.**
Has he / she / it **got**			he / she / it	**has.**		he / she / it	**hasn't.**
Have we **got**			you	**have.**		you	**haven't.**
Have you **got**			we	**have.**		we	**haven't.**
Have they **got**			they	**have.**		they	**haven't.**

What **have** you **got** in your bag? – A little dog. 1: 2

Kurzantworten ohne *got*!

* Die Kurzformen *he's got, she's got, it's got* werden in **English G 2000 1/2** nicht verwendet, weil man sie leicht mit den Kurzformen *he's* (von *he is*), *she's* (von *she is*) und *it's* (von *it is*) verwechseln kann.

28 Vergangenheit (Past tense)

Positive statements

I	had	a house in Chester.
You	had	
He/She/It	had	
We	had	
You	had	
They	had	

2: 2

Die Vergangenheitsform von *have got* und von *(to) have* ist *had*.
⚠ Nie: *had* ~~*got*~~

Negative statements

I	didn't have	a flat.
You	didn't have	
He/She/It	didn't have	
We	didn't have	
You	didn't have	
They	didn't have	

2: 2

Langform: ***did not have***

Questions	Short answers
Did you have a house in Chester?	Yes, I did.
Did she have a flat?	No, she didn't.
Did they have a house?	Yes, they did.

What did she have? – A house.
Where did you have a house? – In Chester. 2: 2

29 *(to) have* in festen Verbindungen mit Nomen (Phrases with *(to) have*)

It's 7.30. Trundle is having breakfast.
At the weekend he doesn't have breakfast before 9.30.

When do *you* have breakfast?
Did you have breakfast this morning?

Trundle is having breakfast.

In diesen Beispielen bildet *have* mit dem Nomen *breakfast* eine Einheit: *(to) have breakfast* = „frühstücken".

In solchen festen Verbindungen ist *have* **Vollverb**: Du kannst die Verlaufsform bilden *(is having breakfast)*, und du musst bei Verneinung und Fragebildung *do/does/did* verwenden *(… doesn't have breakfast. / Did you have breakfast …?)*.

(to) have lunch	(zu) Mittag essen
(to) have dinner	Abendbrot essen, zu Abend essen
(to) have a drink	etwas trinken
(to) have a bath	*(in der Wanne)* baden, ein Bad nehmen
(to) have a shower	(sich) duschen
(to) have a party	eine Party veranstalten, feiern
(to) have fun	Spaß haben, sich amüsieren

Weitere gebräuchliche Verbindungen von *have* mit Nomen findest du links.

Modale Hilfsverben (Modal auxiliaries)

30 Formen (Forms)

Positive	Negative: Long forms	Negative: Short forms
can	cannot	can't [kɑːnt]
could	could not	couldn't
must	need not	needn't
	must not	mustn't ['mʌsnt]
may	may not	–

- We **must be** at school at 8.45.
- Ben **can speak** a little German.
- **Must** we **go** now? – No, we **needn't go** now.

Bei der Verwendung der modalen Hilfsverben musst du auf einige Besonderheiten achten:

- **Infinitiv** nach dem modalen Hilfsverb **ohne *to***
- **Kein** *-s* in der 3. Person Singular
- Frage und Verneinung **ohne *do*.**

can (können)

31 Gegenwart (Present tense) – *can / can't*

Positive statements		Negative statements	
I **can speak**	English.	I **can't speak**	French.
She **can speak**		She **can't speak**	
They **can speak**		They **can't speak**	

Questions	Short answers
Can you **speak** English?	Yes, I **can**.
Can she **speak** French?	No, she **can't**.

When **can** you **be** here? – At ten o'clock. 1: 4

32 Andere Zeiten (Other tenses) – *(to) be able to*

simple past: My grandpa **was able to walk** on his hands.
Mein Opa konnte auf den Händen laufen.
I was so busy, I **wasn't able to phone** you.
..., ich konnte dich nicht anrufen.

will-future: I think we**'ll be able to stop** pollution.
..., wir werden ... stoppen können.
We **won't be able to watch** TV, we won't have the time.
Wir werden nicht fernsehen können, ... A2: 7 • D2+: 8

Wenn du sagen willst, dass jemand etwas tun **konnte** oder **in Zukunft** tun **kann**, musst du das „Ersatzverb" *be able to* verwenden:

simple past: ***was/were able to***
present perfect: ***have/has been able to***
will-future: ***will be able to.***

I **could swim** when I was two, but I **couldn't ride** a bike.
Ich konnte schwimmen ..., aber ich konnte nicht Rad fahren.

2: 7

Im *simple past* kannst du statt *was/were able to* auch ***could*** (verneint: ***couldn't/could not***) benutzen.

can (dürfen)

33 Gegenwart (Present tense) – *can / can't*

Positive statements			Negative statements		
I	**can watch**	TV now.	I	**can't watch**	a video.
She	**can watch**		She	**can't watch**	
They	**can watch**		They	**can't watch**	

Questions	Short answers
Can I **watch** TV now?	Yes, you **can**.
Can she **watch** a video?	No, she **can't**.

Why **can't** I **go** out now? – Because it's raining. 1:4

A1: 4
B2/D2/D2+: 2

Wenn etwas ausdrücklich verboten werden soll, verwendest du ***mustn't***.

34 Andere Zeiten (Other tenses) – *(to) be allowed to*

simple past: I **was allowed to stay** out late when I was 12.
Ich durfte lange draußen bleiben, … .
When I was nine, I **wasn't allowed to play** in the street.
…, durfte ich nicht auf der Straße spielen.

will-future: When you're older, you**'ll be allowed to ride** a moped.
…, darfst du ein Moped fahren. / …, wirst du ein Moped fahren dürfen.
I think people **won't be allowed to have** more than one car in the future.
…, die Leute werden in der Zukunft nicht mehr als ein Auto haben dürfen.

A2: 7 • D2+: 8

Wenn du sagen willst, dass jemand etwas tun **durfte** oder **in Zukunft** tun **darf**, musst du das „Ersatzverb" *be allowed to* verwenden:

simple past: ***was/were allowed to***
present perfect: ***have/has been allowed to***
will-future: ***will be allowed to.***

When I was 13 I **could watch** late films on TV.
…, durfte ich Spätfilme im Fernsehen sehen.

2:7

Im *simple past* kannst du statt *was/were allowed to* auch ***could*** (verneint: ***couldn't/could not***) benutzen.

35 *May I …? / May we …?*

May I **use** your pen, please?
– Yes, of course. / Yes, you **may**.

May we **watch** TV now, please?
– Sorry, not now. / No, you **may not**.

1:4

Wenn du besonders höflich um Erlaubnis bitten willst, verwendest du ***May I …?*** („Darf ich …?") oder ***May we …?*** („Dürfen wir …?").

must (müssen)

36 Gegenwart (Present tense) – *must / needn't*

Positive statements			Negative statements		
I	**must stay**	at home.	I	**needn't stay**	in bed.
She	**must stay**		She	**needn't stay**	
They	**must stay**		They	**needn't stay**	

Questions	Short answers
Must I **stay** at home?	Yes, you **must**.
Must she **stay** in bed?	No, she **needn't**.

How long **must** they **stay** at home? – For two days.

must: **1: 4** – *needn't:* **A1: 4** • **B2/D2/D2+: 2**

Nicht verwechseln:

- ***You needn't go.* =**
  „Du brauchst nicht zu gehen."
  „Du musst nicht gehen."
- ***You mustn't go.* =**
  „Du darfst nicht gehen."

▶ *mustn't:* 33

I **have to*** **stay** at home today.
You **don't have to stay** in bed.
Sanjay **has to help** his parents today.
Sita **doesn't have to help** her parents.
Do you **have to go** now? – Yes, I **do**. / No, I **don't**.

Häufiger als *must* ist das gleichbedeutende *have to** (3. Person Singular: *has to*). Verneinte Aussagesätze, Fragen und Kurzantworten werden mit einer Form von *do* gebildet.

37 Andere Zeiten (Other tenses) – *(to) have to*

simple past: Sorry I'm late. I **had to tidy up** my room.
Did you **have to wait** long? – No, I **didn't**.
Entschuldige, dass ich zu spät bin. Ich musste mein Zimmer aufräumen. Musstest du lange warten? – Nein.

will-future: You**'ll have to work** very hard next year.
Du wirst nächstes Jahr sehr hart arbeiten müssen.
I'm sure people **won't have to work** all day in the future.
Ich bin sicher, die Menschen werden in der Zukunft nicht mehr den ganzen Tag arbeiten müssen.

2: 3

Wenn du sagen willst, dass jemand etwas tun **musste** oder **in Zukunft** tun **muss**, verwendest du das „Ersatzverb" *have to*:

simple past: ***had to***
present perfect: ***have/has had to***
will-future: ***will have to.***

* Im Präsens findest du statt *have to* auch *have got to*:
I've got to stay at home. You haven't got to stay in bed.
Have you got to go now? – Yes, I have. / No, I haven't.

Das Vollverb (The main verb)

38 Die Zeiten (The tenses)

	Positive statements	Negative statements	Questions
simple present	I play She plays	I don't play She doesn't play	Do you play? Does she play?
present progressive	I'm playing She's playing	I'm not playing She isn't playing	Are you playing? Is she playing?
simple past	I played She played	I didn't play She didn't play	Did you play? Did she play?
past progressive	I was playing She was playing	I wasn't playing She wasn't playing	Were you playing? Was she playing?
present perfect	I've played She has played	I haven't played She hasn't played	Have you played? Has she played?
***will*-future**	I'll play She'll play	I won't play She won't play	Will you play? Will she play?
***going to*-future**	I'm going to play She's going to play	I'm not going to play She isn't going to play	Are you going to play? Is she going to play?

Die einfache Form der Gegenwart (The simple present)

39 Bildung (Form)

Positive statements			Negative statements		
I	live	in Chester.	I	don't live	in London.
You	live		You	don't live	
He She It	lives		He She It	doesn't live	
We	live		We	don't live	
You	live		You	don't live	
They	live		They	don't live	

Long forms: I/You/We/They do not live
He/She/It does not live

Ich wohne in Chester.
Du wohnst in Chester.
usw.

Ich wohne nicht in London.
Du wohnst nicht in London.
usw.

Das *simple present* hat die Form des Infinitivs. Nur in der 3. Person Singular wird *-(e)s* angehängt.

Im verneinten Satz verwendest du ***don't/doesn't*** + Infinitiv. Vergleiche:
*The Scotts **live** in Ashton.*
*They **don't live** in Chester.*

1: 5

▶ Wortstellung in verneinten Sätzen: 5
▶ Schreibung und Aussprache der 3. Person Singular: 40

Questions

Do	I live	
Do	you live	
Does	he/she/it live	in Chester?
		in London?
Do	we live	
Do	you live	
Do	they live	

Short answers

Yes,	I	do.	No,	I	don't.
	you	do.		you	don't.
	he/she/it	does.		he/she/it	doesn't.
	we	do.		you	don't.
	you	do.		we	don't.
	they	do.		they	don't.

Don't they live in London? – No, they don't.
Where do they live? – In Chester.

1:6

▶ Wortstellung in Fragesätzen: 6–9

Fragen im *simple present* bildest du mit vorangestelltem ***do/does*** + Infinitiv. Vergleiche:
The Guptas ***live*** *in a flat.*
Do *the Scotts* ***live*** *in a flat?*

Fragesatz:	Where does	Ben	live?	
Bejahter Aussagesatz:		Ben	lives	in Ashton.
Verneinter Aussagesatz:		Ben doesn't	live	in Chester.

Beachte das *-(e)s* in der 3. Person Singular:

- Im bejahten Aussagesatz hängt *-(e)s* am Infinitiv.
- Im verneinten Aussagesatz und im Fragesatz wandert das *-(e)s* zum *do* und macht daraus *does*.

▶ Schreibung und Aussprache der 3. Person Singular: 40

He, she, it –
ein „s" muss mit!

Doch sei klug –
ein „s" ist genug!

40 Schreibung und Aussprache der 3. Person Singular

Schreibung (Spelling)

Zischlaut + *-s*	Zischlaut + *-es*	Konsonant + *-y* → Konsonant + *-ies*
dance → dances	miss → misses	try → tries
choose → chooses	wash → washes	tidy → tidies
	watch → watches	
		Aber: Vokal + *-y* → Vokal + *-ys*
		play → plays
		buy → buys

⚠ Sonderformen: go → goes
do → does

- Nach Zischlauten [-s, -z, -ʃ, -tʃ, -dʒ] wird in der 3. Person Singular *-s* oder *-es* angehängt.
- Konsonant + *-y* wird zu Konsonant + *-ies*. (Aber *-y* nach Vokal bleibt *-y*!)

Aussprache (Pronunciation)

nach **stimmhaften** (weichen) Auslauten: [z]	nach **stimmlosen** (harten) Auslauten: [s]	nach **Zischlauten**: [ɪz]
plays [pleɪz]	helps [helps]	dances ['dɑːnsɪz]
wears [weəz]	eats [iːts]	misses ['mɪsɪz]
reads [riːdz]	takes [teɪks]	closes ['kləʊzɪz]
leaves [liːvz]	laughs [lɑːfs]	washes ['wɒʃɪz]
tells [telz]		watches ['wɒtʃɪz]

⚠ Sonderformen: say [seɪ] → says [sez]
do [duː] → does [dʌz]

Es kommt auf die <u>Aussprache</u> des Auslauts an, nicht auf die Schreibung!

Die Aussprache des *-(e)s* der 3. Person Singular richtet sich nach dem **letzten Laut** (dem **Auslaut**) des Infinitivs:
- [z] nach stimmhaften (weichen) Konsonanten, z.B. [-b, -d, -g, -l, -n, -v], und nach allen Vokalen
- [s] nach stimmlosen (harten) Konsonanten, z.B. [-p, -t, -k, -f]
- [ɪz] nach Zischlauten [-s, -z, -ʃ, -tʃ, -dʒ].

1: 5

▶ Schreibung und Aussprache des Plurals der Nomen: 65

41 Gebrauch (Use)

Sita always plays chess on Mondays. Sanjay does judo every Friday.
Sita spielt montags immer Schach. Sanjay macht jeden Freitag Judo.
Ben starts school every morning at 8.45.
He usually finishes the day at 3.30.
We never go to school on Sundays.

Mit dem *simple present* drückst du aus, dass etwas wiederholt (regelmäßig, immer, jeden Montag, oft, manchmal) oder nie geschieht.

First Ben does Geography. **Then** he goes to English.
After that he goes to Assembly.

1: 5/6

Man verwendet das *simple present* auch, um mehrere aufeinander folgende Handlungen zu beschreiben. In solchen Sätzen findet man oft Wörter wie *first, then* und *after that.*

Wenn jemand etwas <u>regelmäßig</u> oder <u>oft</u> (z.B. auch als Hobby) tut:

simple present

Die Verlaufsform der Gegenwart (The present progressive)

42 Bildung (Form)

Positive statements		Negative statements	
I'm	working.	I'm not	watching TV.
You're		You aren't	
He's		He isn't	
She's		She isn't	
It's		It isn't	
We're		We aren't	
You're		You aren't	
They're		They aren't	

Ich arbeite (gerade). *usw.* Ich sehe nicht fern. *usw.*

Long forms ▶ *be*: 23

Questions	Short answers
Are you working?	Yes, I am.
Is she watching TV?	No, she isn't.
Are they working?	Yes, they are.

What are you doing? – We're working.

1: 3

Das *present progressive* wird mit einer **Form von *be (am/are/is)* + *-ing form*** des Verbs gebildet.

Du erhältst die *-ing form*, wenn du an den Infinitiv ***-ing*** anhängst:
help + -ing → helping
ask + -ing → asking
buy + -ing → buying.

She's working.

43 Besonderheiten bei der Schreibung der *-ing*-Form

~~e~~ come → coming
make → making
write → writing

- Das stumme *-e* am Ende des Infinitivs fällt weg.

p + p stop → stopping
t + t sit → sitting
m + m swim → swimming
n + n begin → beginning

Aber: clean → cleaning (Vokallaut mit zwei Buchstaben geschrieben)
open → opening (Vokal unbetont: ['--])
jump → jumping (doppelter Endkonsonant)

- Nach einem **einzelnen, betonten Vokal** wird ein **einzelner Endkonsonant** *(-p, -b, -t, -d, -g, -m, -n)* verdoppelt.

Ist a, e, i, o oder u
alleine und betont dazu
und wird das Verb mit „-ing" gekoppelt,
so wird der Konsonant verdoppelt.

⚠ Sonderform: die → dying

1: 3

44 Gebrauch (Use)

JENNY Hi, Debbie. What **are** you **doing**? Was machst du?
DEBBIE I'**m playing** with Lulu. Ich spiele mit Lulu.
JENNY But it'**s raining**! Aber es regnet doch!
DEBBIE We aren't in the garden – we'**re playing** in the living-room.

1:3

Mit dem *present progressive* (der Verlaufsform der Gegenwart) drückst du aus, dass jemand gerade etwas tut oder dass ein Vorgang noch im Gange ist: Debbie spielt gerade mit Lulu; es regnet gerade.

Man spricht von der „**Verlaufs**form" *(**progressive** form)*, weil etwas noch **im Verlauf** (Englisch: ***in progress***) ist.

Eine Verlaufsform gibt es im Deutschen nicht. *I'm playing* entspricht dem deutschen „Ich spiele (gerade)." In manchen Gegenden sagt man auch „Ich bin am/beim Spielen."

Present progressive

- **wenn jemand gerade/jetzt/in diesem Augenblick etwas tut**
- **wenn gerade etwas geschieht.**

Die Handlung oder der Vorgang ist noch im Verlauf, also noch nicht abgeschlossen.

45 *Simple present* oder *present progressive*?

simple present	present progressive
Sita **plays** chess (every Monday / every week). Sita spielt (jeden Montag / jede Woche) Schach.	Sita **is playing** chess (now / at the moment). Sita spielt (gerade / im Augenblick) Schach.

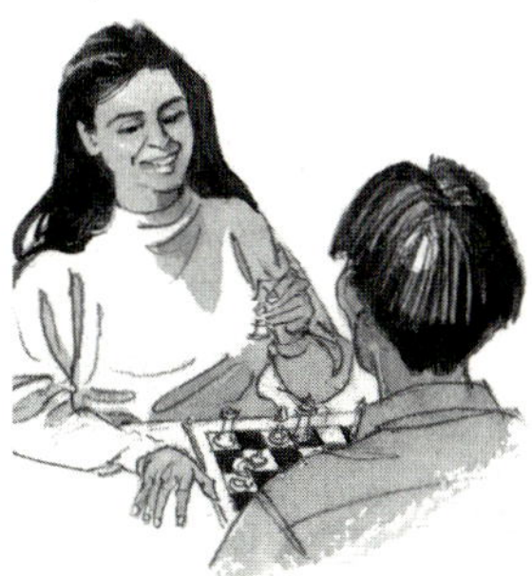

Mit dem deutschen Satz „Sita spielt Schach" kannst du zwei verschiedene Dinge ausdrücken:

- dass Sitas Hobby Schach ist *oder*
- dass Sita gerade dabei ist, Schach zu spielen.

Im Englischen gibt es dafür das *simple present* und das *present progressive*:

- Mit dem ***simple present*** drückst du aus, dass Sita **regelmäßig** Schach spielt („jeden Montag", „jede Woche"). Schach spielen ist ihr Hobby.
- Mit dem ***present progressive*** drückst du aus, dass Sita **jetzt gerade** Schach spielt.

simple present:

regelmäßig, als Hobby

present progressive:

noch im Verlauf, noch nicht abgeschlossen; gerade jetzt

Auf der nächsten Seite findest du weitere Beispiele.

simple present

Sue often **drinks** tea for breakfast.
But she **doesn't drink** tea with milk.

Does Trundle **read** much?
– Yes, he **does**.

What **do** you **do** on Saturday afternoons, Ben? – I usually **play** football, Katrin.

Signalwörter für das *simple present*:

always, usually, often, sometimes, never, every day, on Mondays, …

present progressive

Look, Sue **is drinking** orange juice today.
She **isn't drinking** tea.

Is Trundle **reading** (at the moment)?
– Yes, he **is**.

What **are** you **doing**, Ben?
– I'**m working**, Katrin.

Signalwörter für das *present progressive*:

now, at the moment

1:7

⚠ Nicht in der *progressive form*:
be (sein) • **believe** (glauben) • **feel** (fühlen) **hate** (hassen) • **hear** (hören) • **know** (wissen, kennen) • **like** (mögen) • **love** (lieben) • **mean** (bedeuten) • **need** (brauchen) • **remember** (sich erinnern an) • **see** (sehen) • **think** (glauben, meinen) **understand** (verstehen) • **want** (wollen, haben wollen)

1:7

Es gibt eine Reihe von Verben, die nicht Tätigkeiten beschreiben, sondern Zustände oder Sinneswahrnehmungen. Diese Verben werden normalerweise nicht in der *progressive form* verwendet.

Die einfache Form der Vergangenheit (The simple past)

46 Bildung: bejahte Aussagesätze (Form: positive statements)

Positive statements

Regular verbs			Irregular verbs		
I	watched	TV last night.	I	bought	a new car yesterday.
You	watched		You	bought	
He	watched		He	bought	
She	watched		She	bought	
We	watched		We	bought	
They	watched		They	bought	

Infinitive	Simple past	Infinitive	Simple past
watch	watch**ed**	buy	bought
listen	listen**ed**	go	went

▶ Liste der unregelmäßigen Verben: 103

2: 1/2

Die Bildung der *simple past*-Form der **regelmäßigen Verben *(regular verbs)*** ist ganz einfach: Du hängst ***-ed*** an den Infinitiv an. Es gibt für alle Personen nur eine Form.

Wie im Deutschen gibt es auch im Englischen eine Reihe von **unregelmäßigen Verben *(irregular verbs)***. Sie haben eine eigene Form für das *simple past*. (Auch die *simple past*-Form von unregelmäßigen Verben ist für alle Personen gleich.)

47 Schreibung und Aussprache der *simple past*-Form der regelmäßigen Verben

Schreibung (Spelling)

~~e~~	save → saved	
	like → liked	
p + p	stop → stopped	
t + t	spot → spotted	
n + n	plan → planned	
Konsonant + *-y* → Konsonant + *-ied*	try → tried	
	tidy → tidied	
Aber: Vokal + *-y* → Vokal + *-yed*	play → played	

2: 2

▶ Schreibung der *-ing form*: 43
▶ Schreibung der 3. Person Singular des *simple present*: 40

- Das stumme ***-e*** am Ende des Infinitivs fällt weg.
- Nach einem **einzelnen, betonten Vokal** wird ein **einzelner Endkonsonant** *(-p, -b, -t, -d, -g, -m, -n)* verdoppelt.
- *-y* nach Konsonant + ***-ed*** wird zu ***-ied***.
  (Aber *-y* nach Vokal bleibt *-y*!)

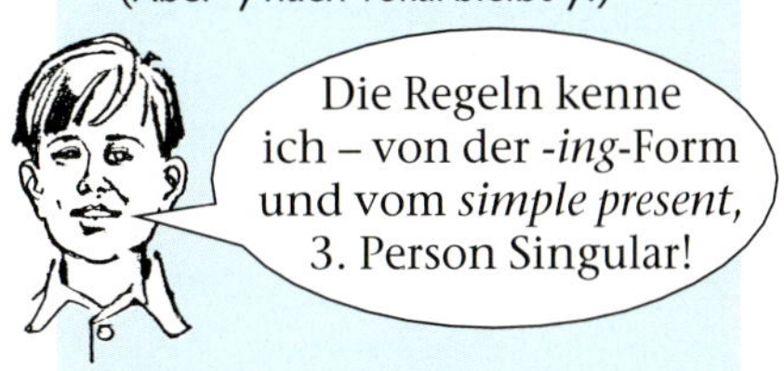

Aussprache (Pronunciation)

nach **stimmhaften** (weichen) Auslauten: [d]		nach **stimmlosen** (harten) Auslauten: [t]		nach [-d] und [-t]: [ɪd]	
rained	[reɪnd]	helped	[helpt]	needed	['niːdɪd]
climbed	[klaɪmd]	talked	[tɔːkt]	waited	['weɪtɪd]
played	[pleɪd]	fetched	[fetʃt]	shouted	['ʃaʊtɪd]
answered	['ɑːnsəd]	laughed	[lɑːft]	wanted	['wɒntɪd]

2: 1

Die Aussprache der ***-ed***-Endung richtet sich nach dem **letzten Laut** (dem **Auslaut**) des Infinitivs:

- [d] nach stimmhaften (weichen) Konsonanten und nach Vokalen
- [t] nach stimmlosen (harten) Konsonanten
- [ɪd] nach [-d] und [-t].

48 Bildung: verneinte Aussagesätze (Form: negative statements)

Negative statements

Regular verbs			Irregular verbs		
I	didn't watch	TV on Friday.	I	didn't buy	a new bike.
You	didn't watch		You	didn't buy	
He	didn't watch		He	didn't buy	
She	didn't watch		She	didn't buy	
We	didn't watch		We	didn't buy	
They	didn't watch		They	didn't buy	

Verneinte Aussagesätze im *simple past* bildest du mit ***didn't*** (Langform: ***did not***) + Infinitiv.
Vergleiche *simple present* und *simple past*:
*The Scotts **don't** live in Chester.*
*The Balls **didn't** live in London in 1994.*

Nur <u>einmal</u> Vergangenheitsform:

Bejahter Aussagesatz: ***Ben watch<u>ed</u> TV last night.***

Verneinter Aussagesatz: ***Ben <u>did</u>n't watch TV on Friday.***

△ **Infinitiv**

▶ Verneinung im *simple present*: 39
▶ Wortstellung in verneinten Aussagesätzen: 5
2: 1/2

49 Bildung: Fragen und Kurzantworten (Form: questions and short answers)

Questions			Short answers
Did you	watch	TV last night?	Yes, I did.
Did she	buy	a new bike?	No, she didn't.
Did they	watch	TV last night?	Yes, they did.

When did she watch TV? – Last night.

Fragen im *simple past* bildest du mit vorangestelltem ***did*** + Infinitiv.
Vergleiche *simple present* und *simple past*:
***Do** the Scotts live in Chester?*
***Did** the Balls live in London in 1994?*

Nur <u>einmal</u> Vergangenheitsform:

Bejahter Aussagesatz: ***Ben watch<u>ed</u> TV last night.***

Fragesatz: ***<u>Did</u> you watch TV last night?***

△ **Infinitiv**

▶ Fragen im *simple present*: 39
▶ Wortstellung in Fragesätzen: 6–9
2: 1/2

50 Gebrauch (Use)

Debbie's birthday **was** **last Friday**.
Debbies Geburtstag war letzten Freitag.

Yesterday Ben **played** computer games with Nick.
Gestern hat Ben Computerspiele mit Nick gespielt.

The train **left** **two minutes ago**.
Der Zug ist vor zwei Minuten abgefahren / fuhr vor zwei Minuten ab.

In diesen Beispielsätzen wird etwas über die **Vergangenheit** gesagt. Die Sätze sagen aus, **wann** jemand etwas getan hat oder **wann** etwas geschehen ist *(last Friday; yesterday; two minutes ago)*. Die Verben stehen im ***simple past***.

Last week Kate **took** her dog to the cinema[1]. They **saw** 'Animal Farm'. The dog **sat** next to Kate and **watched** the film with her. After the film a woman **said** to Kate: 'Did your dog like the film?'
'Yes, he did,' **answered** Kate.
'I'm very surprised[2],' the woman **said**.
'I'm surprised, too,' **said** Kate. 'He didn't like the book very much.'

[1] cinema ['sɪnəmə] *Kino*
[2] surprised [sə'praɪzd] *überrascht*

Das *simple past* wird auch verwendet, wenn man über ein vergangenes Ereignis berichtet, also wenn man z.B. eine Geschichte erzählt.

Simple past

- **wenn du sagst, wann jemand etwas getan hat oder wann etwas geschah**
- **wenn du über vergangene Ereignisse oder Erlebnisse berichtest.**

K

We **were** in Scotland last year.
Wir **waren** letztes Jahr in Schottland. (Präteritum)
oder: Wir **sind** letztes Jahr in Schottland **gewesen**. (Perfekt)

Did you **like** it there?
Gefiel es euch dort? (Präteritum)
oder: **Hat** es euch dort **gefallen**? (Perfekt)

2: 1/2

Im Deutschen benutzen wir oft das Perfekt, wenn wir sagen, wann etwas getan wurde oder geschah.
Im Englischen **muss** in diesen Fällen das ***simple past*** stehen.

Die Verlaufsform der Vergangenheit (The past progressive)

51 Bildung (Form)

Positive statements			Negative statements	
I	was working	at 8 o'clock last night.	I	wasn't reading.
You	were working		You	weren't reading.
He	was working		He	wasn't reading.
She	was working		She	wasn't reading.
We	were working		We	weren't reading.
They	were working		They	weren't reading.

Gestern Abend um 8 Uhr arbeitete ich (gerade). *usw.*

Ich las nicht. *usw.*

Long forms ▶ *be*: 24

Questions			Short answers
Were you	working	at 8 o'clock last night?	Yes, I was.
Was she	reading		No, she wasn't.
Were they	working		Yes, they were.

What were you doing? – We were working.

▶ Schreibung der *-ing form*: 43
A2/D2+: 8 • B2/D2: 7

Das *past progressive* wird mit ***was/ were*** + ***-ing form*** des Verbs gebildet.

Du erhältst die *-ing form,* wenn du an den Infinitiv ***-ing*** anhängst:
help + -ing → helping
ask + -ing → asking
buy + -ing → buying.

Vergleiche *present progressive* und *past progressive*:
Sanjay is busy: he's (= he is) ***helping*** *his parents.*
Sanjay was busy yesterday afternoon: he ***was helping*** *his parents.*

52 Gebrauch (Use)

Yesterday Mrs Snow came home **at five o'clock.**
It was raining.
What were the children doing?
Sally was writing a letter and
Jenny was playing with
Marmalade.

Wenn eine Handlung oder ein Vorgang zu einem bestimmten Zeitpunkt in der Vergangenheit gerade im Gange war:

past progressive

▶ Gebrauch des *present progressive*: 44
▶ Verben, die normalerweise nicht in der *progressive form* verwendet werden: 45 (S. 28)
A2/D2+: 8 • B2/D2: 7

yesterday at five o'clock ist ein Zeitpunkt in der Vergangenheit. Die Beispielsätze beschreiben, was zu diesem Zeitpunkt gerade geschah: Es regnete gerade, Sally war dabei, einen Brief zu schreiben, und Jenny spielte gerade mit Marmalade. Die Verben stehen im ***past progressive*** (der Verlaufsform der Vergangenheit).

Eine Verlaufsform gibt es im Deutschen nicht. *I was writing a letter* entspricht dem deutschen „Ich schrieb (gerade) einen Brief" oder „Ich war (gerade) dabei, einen Brief zu schreiben".

Das Perfekt (The present perfect)

53 Bildung (Form)

Positive statements			Negative statements		
I've cleaned			I	haven't washed	
You've cleaned			You	haven't washed	
He **has cleaned***	the		He	**hasn't washed**	the
She **has cleaned***	bike.		She	**hasn't washed**	car.
We've cleaned			We	haven't washed	
They've cleaned			They	haven't washed	

Das *present perfect* wird mit ***have/has* + Partizip Perfekt** *(past participle)* gebildet.

Langformen:
*I/You/We/They **have cleaned***
*I/You/We/They **have not washed***
*He/She **has not washed***

Questions	Short answers
Have you cleaned the bike?	Yes, I have.
Has she washed the car?	No, she **hasn't**.
Have they cleaned the bike?	Yes, they have.

Why haven't they washed the car? – I don't know.

▶ Partizip Perfekt: 54

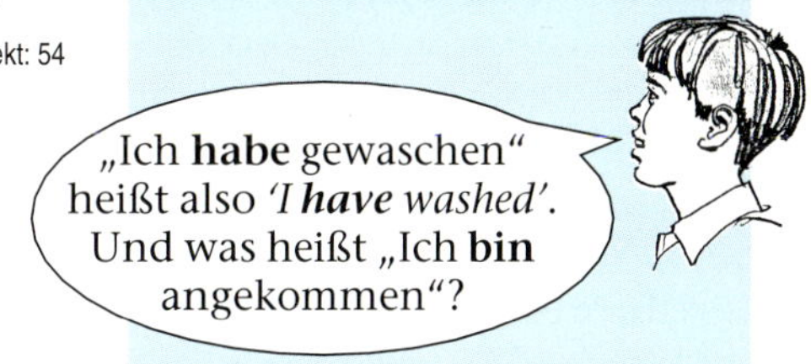

K The car **has stopped**.
Das Auto **hat angehalten**.

The car **has arrived**.
Das Auto **ist angekommen**.

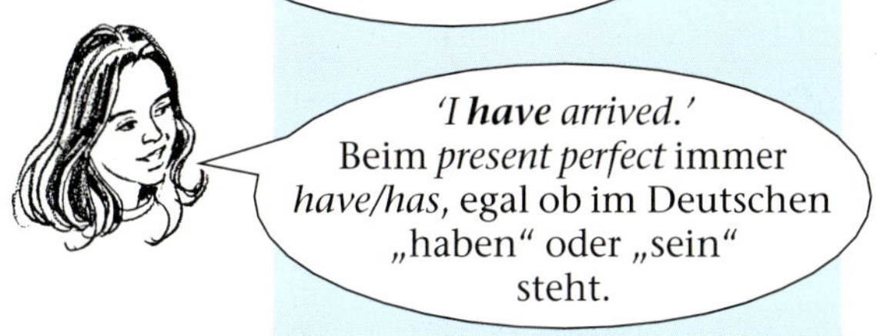

Sally has washed her hair.

K Sally has **washed her hair**.
Sally hat sich **die Haare gewaschen**.

The children have **arrived in London**.
Die Kinder sind **in London angekommen**.

▶ Wortstellung: 4, 11, 13

Anders als im Deutschen stehen im Englischen ein **Objekt** *(her hair)* oder eine **adverbiale Bestimmung** *(in London)* immer **nach dem Partizip Perfekt**.

2: 5

* Die Kurzform von *has (he's, she's, it's)* wird in **English G 2000 1/2** nicht verwendet, weil man sie leicht mit den Kurzformen *he's* (von *he is*), *she's* (von *she is*) und *it's* (von *it is*) verwechseln kann.

54 Das Partizip Perfekt (The past participle)

Regular verbs

Infinitive	Past participle	
clean	cleaned	[-nd]
wash	washed	[-ʃt]
arrive	arrived	[-vd]
stop	stopped	[-pt]
try	tried	[-aɪd]

Schreibung und Aussprache ▶ *simple past*-Form der regelmäßigen Verben: 47

Irregular verbs

Infinitive	Past participle
buy	**bought**
fall	**fallen**
give	**given**
go	**gone**
put	**put**

▶ Liste der unregelmäßigen Verben: 103

2: 5

Das *past participle* der **regelmäßigen Verben *(regular verbs)*** wird wie die *simple past*-Form gebildet: Du hängst ***-ed*** an den Infinitiv an.

Die **unregelmäßigen Verben *(irregular verbs)*** haben eine eigene *past participle*-Form.

55 Gebrauch (Use)

Ben and Sita **have made** a video for Debbie and Nick.
Ben und Sita haben ein Video für Debbie und Nick gedreht.
Sanjay **has bought** a bike. He can ride it to school now.
Sanjay hat sich ein Fahrrad gekauft. …
Mr Martin **has broken** his leg. He can't move it.
Mr Martin hat sich das Bein gebrochen. …
Has there ever **been** an accident in your street?
Hat es jemals einen Unfall in deiner Straße gegeben?

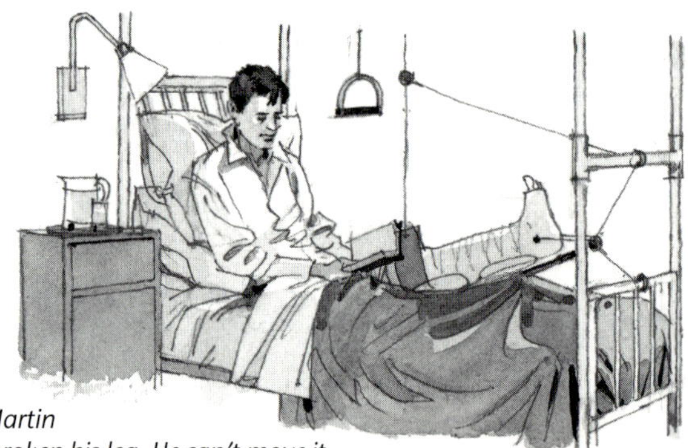

Mr Martin has broken his leg. He can't move it.

Wenn du mitteilen willst, dass (nicht: wann!) jemand etwas getan hat oder dass (nicht: wann!) etwas geschehen ist:

present perfect

2: 5

In diesen Sätzen im ***present perfect*** wird etwas über die **Vergangenheit** ausgesagt – aber es wird **nicht** gesagt, **wann** die Ereignisse stattgefunden haben. Es wird kein genauer Zeitpunkt in der Vergangenheit genannt, sondern nur gesagt, **dass** jemand etwas getan hat oder **dass** etwas geschehen ist.

Das *present perfect* wird oft verwendet, wenn es um die **Auswirkungen** geht, die ein vergangenes Ereignis auf die Gegenwart oder die Zukunft hat: Mr Martin hat sich (irgendwann) das Bein gebrochen, und nun liegt er im Krankenhaus und kann sein Bein nicht bewegen.

56 *Present perfect* oder *simple past*?

present perfect	simple past
DEBBIE Look, Jenny, I'**ve bought** a new dress. Isn't it great? Ich habe mir ein neues Kleid gekauft. …	I **bought** it at the Oxfam shop yesterday. Ich habe es gestern im Oxfam-Laden gekauft.
JENNY **Have** you **seen** the new boy in my form yet?	
SALLY Yes, I **have**.	JENNY When **did** you **see** him?
	SALLY I **saw** him on Friday after school. But I **didn't talk** to him.

Sowohl das *present perfect* als auch das *simple past* werden verwendet, um über Handlungen oder Ereignisse in der Vergangenheit zu sprechen.

- Debbie sagt, **dass** sie sich ein neues Kleid gekauft hat. → ***present perfect***
- Sie fügt hinzu, **wann** (und wo) sie das Kleid gekauft hat *(at the Oxfam shop **yesterday**)*. → ***simple past***

- Jenny möchte wissen, **ob** Sally den neuen Schüler schon gesehen hat. → ***present perfect***
- Mit der *When*-Frage erkundigt sich Jenny dann, **wann** Sally ihn gesehen hat. → ***simple past***
  Sally nennt den genauen Zeitpunkt ***(on Friday after school)***. → ***simple past***
  Sie fügt hinzu, dass sie nicht mit ihm gesprochen hat (aus dem Zusammenhang ist klar, dass sie immer noch über letzten Freitag spricht). → ***simple past***

K

I'**ve written** to my uncle.
Ich **habe** meinem Onkel **geschrieben**.

I **wrote** to my uncle yesterday.
Ich **habe** gestern meinem Onkel **geschrieben**.
oder: Ich **schrieb** gestern meinem Onkel.

Wenn du sagst, dass etwas geschehen ist:
present perfect

Wenn du sagst, wann etwas geschehen ist:
simple past

Du verwendest das ***present perfect***:
– wenn du mitteilen willst, **dass** etwas geschehen ist;
– wenn du fragen willst, **ob** etwas geschehen ist.

Der Zeitpunkt ist dabei nicht wichtig (oder nicht bekannt) und wird nicht genannt. Du findest aber oft unbestimmte Zeitangaben wie ***already, before, ever, just, never, often, (not) yet*** in ***present perfect***-Sätzen.

Du verwendest das ***simple past***:
– wenn du mitteilen willst, **wann** etwas geschehen ist. Der genaue Zeitpunkt wird genannt oder geht aus dem Zusammenhang hervor. Typische Zeitangaben: ***yesterday, last week, an hour ago, in 1997, on Friday, when I was a child, …***
– in ***When*-Fragen**.

2:7

Das Futur mit *going to* (The *going to*-future)

57 Bildung (Form)

Das *going to-future* wird mit ***am/are/ is going to*** + **Infinitiv** gebildet.

Positive statements	Negative statements
I'm going to read.	I'm not going to play.
You're going to read.	You aren't going to play.
He's going to read.	He isn't going to play.
She's going to read.	She isn't going to play.
We're going to read.	We aren't going to play.
They're going to read.	They aren't going to play.
Ich habe vor zu lesen. / Ich will/werde lesen. *usw.*	Ich habe nicht vor zu spielen. / Ich will/werde nicht spielen. *usw.*

Long forms ▶ *be*: 23

Questions	Short answers
Are you going to read?	Yes, I am.
Is she going to play?	No, she isn't.
Are they going to read?	Yes, they are.

What is she going to do? – She's going to read.

A1: 8 • B2/D2/D2+: 4

58 Gebrauch (Use)

Das *going to-future* wird verwendet, um über **Absichten und Pläne für die Zukunft** zu sprechen.

JENNY What are you going to do at the weekend, Ben? Are you going to play computer games again?
BEN No, I'm not. I'm going to go to Berlin and visit my cousins.

Was willst/wirst du am Wochenende machen, Ben? Willst/Wirst du wieder Computerspiele spielen?
– Nein. Ich habe vor, nach Berlin zu fahren und meine Cousinen zu besuchen.

Wenn du sagst oder fragst, was jemand vorhat:

going to-future

A1: 8 • B2/D2/D2+: 4

Das Futur mit *will* (The *will*-future)

59 Bildung (Form)

Positive statements		Negative statements	
I'll **meet**	Sita at the chess club.	I **won't see**	Ben.
You'll **meet**		You **won't see**	
He'll/She'll **meet**		He/She **won't see**	
We'll **meet**		We **won't see**	
They'll **meet**		They **won't see**	

Long forms:

I/You/He/… **will meet** — I/You/He/… **will not see**

Ich werde Sita … treffen. *usw.* — Ich werde Ben nicht sehen. *usw.*

Das *will-future* wird mit ***will*** + **Infinitiv** gebildet.

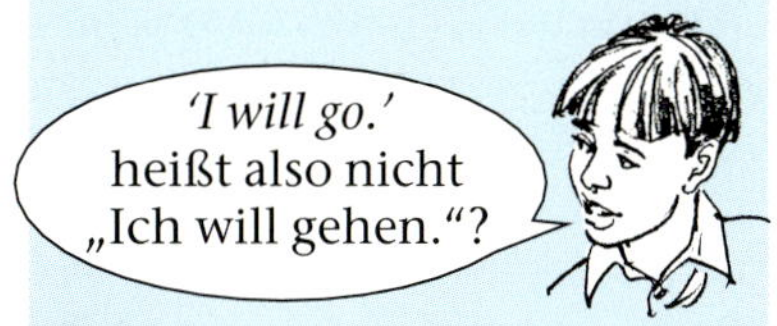

Questions				Short answers
Will	you	**meet**	Sita?	Yes, I **will**.
Will	she	**see**	Ben?	No, she **won't**.
Will	they	**meet**	Sita?	Yes, they **will**.

What **will** Sita **say**? – Nothing.

2: 6

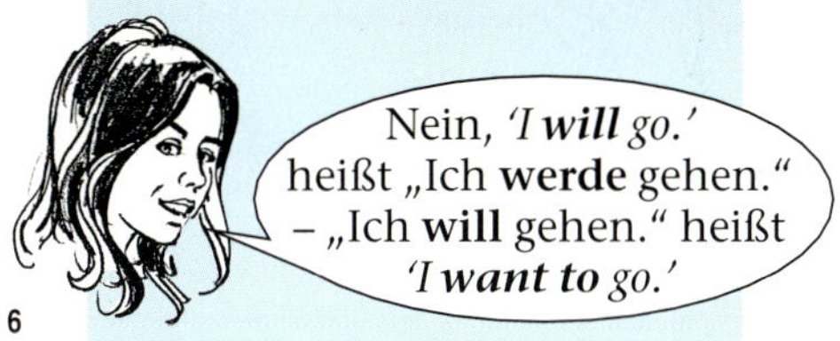

60 Gebrauch (Use)

The weather **will be** fine tomorrow.
Morgen wird es schönes Wetter geben / gibt es schönes Wetter.

Sally **will be** fourteen next month.
Sally wird nächsten Monat vierzehn (werden).

Ben **won't get** much money for his old computer.
I think he'**ll be** sad about that.
Ben wird nicht viel Geld für seinen alten Computer kriegen.
Ich glaube, er wird traurig darüber sein.

2: 6

Das *will-future* wird verwendet,

- um **Vorhersagen** zu machen. Oft handelt es sich dabei um Dinge, auf die man keinen Einfluss hat (Sally wird nächsten Monat auf jeden Fall vierzehn).
- um **Vermutungen** über die Zukunft zu äußern. Dabei werden oft Ausdrücke wie *I think, I'm sure, maybe* zusammen mit dem *will-future* benutzt.

61 *Going to-future* oder *will-future*?

MRS BAKER We'**re going to go** to Scotland next summer.
MRS SNOW I'm sure you'**ll like** it there.

Für Vorhaben oder Pläne:

going to-future

Für Vorhersagen und Vermutungen:

will-future

A2/D2+: 6

⚠ Im Deutschen benutzt man oft das Präsens, um über die Zukunft zu sprechen: *Wir fahren nächsten Sommer nach Schottland. – Ich bin sicher, es gefällt euch dort.*
Im Englischen **musst** du *going to-* bzw. *will-future* verwenden.

Frageanhängsel (Question tags)

62 Gebrauch (Use)

You're Debbie Baker, **aren't you?**
Du bist Debbie Baker, nicht?
Ben can speak German, **can't he?**
Ben kann Deutsch, nicht wahr?
The Scotts live in Ashton, **don't they?**
Die Scotts leben in Ashton, oder?
The girls haven't arrived yet, **have they?**
Die Mädchen sind noch nicht angekommen, ne?

Mit Frageanhängseln *(aren't you? / don't they? / have they?)* signalisierst du in Gesprächen, dass du vom Gesprächspartner / von der Gesprächspartnerin **Zustimmung** zu deiner Aussage erwartest. Deutsche Frageanhängsel sind „nicht?", „nicht wahr?", „oder?", „ne?", „gell?" und „woll?".

You can't see very well, **can you?**
You need help with your homework, **don't you?**
The weather has been very nice, **hasn't it?**

Frageanhängsel werden mit fallender Intonation (*falling intonation*) gesprochen. Das heißt, dass die Stimme am Ende des Satzes **nach unten** geht, wie bei einer Aussage.

A2: 8

63 Bildung (Form)

That**'s** your mum's car, **isn't it?**
You**'ve** had your pet a long time, **haven't** you?
Sita **can** play chess, **can't** she?

Frageanhängsel bestehen aus **Hilfsverb + Personalpronomen.**

- Wenn der **Aussagesatz bejaht** ist, ist das **Frageanhängsel verneint.**

Nick **isn't** working, **is** he?
You **haven't** seen Debbie, **have** you?
You **can't** cook very well, **can** you?
You **don't** speak English, **do** you?

- Wenn der **Aussagesatz verneint** ist, ist das **Frageanhängsel bejaht.**

Aussagesatz **+** → *Anhängsel* **–**
Aussagesatz **–** → *Anhängsel* **+**

Trundle **loves** music, **doesn't** he?
The Bakers **live** in Chester, **don't** they?
You **met** Sanjay yesterday, **didn't** you?

Wenn im Aussagesatz kein Hilfsverb steht, musst du im Frageanhängsel eine Form von *do* verwenden.

A2: 8

Das Nomen (The noun)

Der Plural der Nomen (The plural of nouns)

64

Singular	Plural
one girl	two girls
boy	boys
shop	shops
book	books

Du bildest den Plural (die Mehrzahl), indem du ein *-s* an den Singular (die Einzahl) eines Nomens anhängst.

1: 1

65 Schreibung und Aussprache

Schreibung (Spelling)

Zischlaut + *-s*	Zischlaut + *-es*	Konsonant + *-y* → Konsonant + *-ies*
cage → cages	bus → buses	city → cities
nurse → nurses	box → boxes	family → families
house → houses	watch → watches	activity → activities

Aber: Vokal + *-y* → Vokal + *-ys*

boy → boys
day → days

⚠ Sonderformen:
tomato → tomatoes
potato → potatoes

1:4

▶ Schreibung der 3. Person Singular des *simple present*: 40

- Nach Zischlauten [-s, -z, -ʃ, -tʃ, -dʒ] wird *-es* angehängt (bzw. *-s*, wenn der Singular auf ein stummes *-e* endet).
- Konsonant + *-y* wird zu Konsonant + *-ies*. (Aber *-y* nach Vokal bleibt *-y*!)

⚠ half [-f] → halves [-vz] knife [-f] → knives [-vz]
scarf → scarves life → lives
shelf → shelves wife → wives
thief → thieves

Nomen auf *-f* oder *-fe* bilden den Plural meist auf *-ves*.

Aussprache (Pronunciation)

nach **stimmhaften** (weichen) Auslauten: [z]		nach **stimmlosen** (harten) Auslauten: [s]		nach **Zischlauten**: [ɪz]	
boys	[bɔɪz]	felt-tips	[-tɪps]	buses	['bʌsɪz]
girls	[gɜːlz]	cats	[kæts]	nurses	['nɜːsɪz]
friends	[frendz]	books	[bʊks]	cages	['keɪdʒɪz]
names	[neɪmz]	months	[mʌnθs]	watches	['wɒtʃɪz]

⚠ Sonderform: house [haʊs] → houses ['haʊzɪz]

1: 1/4

▶ Aussprache des *-s* der 3. Person Singular des *simple present*: 40

Die Aussprache der Pluralendung richtet sich nach dem **letzten Laut** (dem **Auslaut**) des Singulars:
- [z] nach stimmhaften (weichen) Konsonanten, z.B. [-b, -d, -g, -l, -m, -v], und nach allen Vokalen
- [s] nach stimmlosen (harten) Konsonanten, z.B. [-p, -t, -k, -θ]
- [ɪz] nach Zischlauten [-s, -z, -ʃ, -tʃ, -dʒ].

66 Unregelmäßige Pluralformen (Irregular plurals)

Singular	Plural	Singular	Plural
one child	two children	one mouse	two mice
man	men	fish	fish
woman	women	sheep	sheep
foot	feet		
tooth	teeth		

1:4

Einige Nomen bilden den Plural nicht auf *-s* oder *-es*. Sie haben **unregelmäßige Pluralformen**.

67 Singular und Plural – Besonderheiten

K **Singular im Englischen – Plural im Deutschen**

Your **hair is** too long.
Deine **Haare sind** zu lang.
Here**'s** some more **information**.
Hier **sind** noch weitere **Informationen**.
That**'s** too much **homework**.
Das **sind** zu viele **Hausaufgaben**.
The **USA is** very big.
Die **USA sind** sehr groß.

2: 3

▶ Zählbare und nicht zählbare Nomen: 77, 78

Es gibt im Englischen einige Nomen, die – anders als ihre deutschen Entsprechungen – **nicht zählbar sind**: Sie haben **keinen Plural**, sondern stehen **immer im Singular**.
Achte darauf, dass auch die dazugehörigen **Begleiter, Verben und Pronomen immer im Singular** stehen.

K **Plural im Englischen – Singular im Deutschen**

Are these your **jeans**?
Ist das deine **Jeans**?
I need **some** new **trousers**.
Ich brauche **eine** neue **Hose**.
Clothes are cheap here.
Kleidung ist billig hier.
Where **are** the **police**?
Wo **ist** die **Polizei**?

A1: 6 (S. 177) • B1/D1: 6 (S. 166)

Es gibt im Englischen einige Nomen, die **keinen Singular** haben. **Begleiter, Verben und Pronomen** stehen – anders als im Deutschen – **immer im Plural**.

⚠ Zu diesen Nomen gehört auch *police*, obwohl es kein Plural-*s* hat.

68 Der *s*-Genitiv (The *s*-genitive)

Singular	Plural
Debbie is **Nick**'s sister. Debbie ist Nicks Schwester.	**The Scotts**' house is in Ashton. Das Haus der Scotts ist in Ashton.
This is **my aunt**'s car. Das ist das Auto meiner Tante.	Ben likes **his friends**' pet. Ben mag das Haustier seiner Freunde.

Wenn du sagen willst, dass jemand oder etwas (zu) einer Person gehört, verwendest du den *s*-Genitiv.
Im **Singular** wird *'s* angehängt.
Bei **Pluralformen auf -*s*** wird nur ein **Apostroph (')** angehängt.

⚠ Where are the **children**'s books? die Bücher der Kinder

Bei den unregelmäßigen Pluralformen *men, women, children* wird der Genitiv wie beim Singular mit *'s* gebildet.

K Where is **Nick and Debbie's** dog?
Wo ist **Nicks und Debbies** Hund?

1: 2

Aussprache des Genitiv-*s* ▶ Aussprache des Plural-*s*: 65

Wenn etwas zwei Personen gleichzeitig gehört, wird – anders als im Deutschen – nur einmal *'s* angehängt.

69 Die *of*-Fügung (The *of*-phrase)

I like the colour of **your blouse**.
Ich mag die Farbe deiner Bluse.
What's the name of **the street**?
Was ist der Name der Straße?

A1: 7 (S. 181) • B1/D1: 7 (S. 171)

Wenn du sagen willst, dass etwas zu einer Sache gehört, verwendest du die *of*-Fügung.

K **the woman's** name — the name **of the street**
der Name **der Frau** — der Name **der Straße**

70 Das Stützwort *one/ones* (The prop-word *one/ones*)

I've got three **cats**, **two white** ones and **a black** one.
Ich habe drei **Katzen, zwei weiße** und **eine schwarze**.
This **CD shop** isn't as good as **the** one in Chester.
Dieser **CD-Laden** ist nicht so gut wie **der** in Chester.

A2: 3 • D2+: 4

Wenn man ein schon genanntes Nomen nicht wiederholen will, benutzt man die Stützwörter *one* (Singular) bzw. *ones* (Plural).

Begleiter und Pronomen (Determiners and pronouns)

71 Der Artikel (The article)

Der **bestimmte Artikel *(definite article)*** heißt ***the***, der ***unbestimmte Artikel (indefinite article)*** heißt ***a*** oder ***an***.

bestimmer Artikel: the			unbestimmter Artikel: a oder an		
the [ðə]	man	der Mann	a	man	ein Mann
	bag	die Tasche		bag	eine Tasche
	French book	das Französischbuch		woman	eine Frau
				book	ein Buch
	houses	die Häuser		nice aunt	eine nette Tante
the [ði]	uncle	der Onkel	an	uncle	ein Onkel
	aunt	die Tante		aunt	eine Tante
	English book	das Englischbuch		accident	ein Unfall
				orange	eine Orange
	islands	die Inseln		old book	ein altes Buch

- ***the*** wird **[ðə]** ausgesprochen und als unbestimmter Artikel steht ***a***, wenn das Nomen (oder Adjektiv) am Anfang mit einem **Konsonanten** gesprochen wird.
- ***the*** wird **[ði]** ausgesprochen und als unbestimmter Artikel steht ***an***, wenn das Nomen (oder Adjektiv) am Anfang mit einem **Vokal** gesprochen wird.

⚠ the uncle [ði_'ʌŋkl] — an uncle [ən_'ʌŋkl]
the hour [ði_'aʊə] — an hour [ən_'aʊə]

the uniform [ðə 'ju:nɪfɔ:m] — a uniform [ə 'ju:nɪfɔ:m]
the house [ðə 'haʊs] — a house [ə 'haʊs]

1: 2

Entscheidend ist die **Aussprache**, nicht die Schreibung:
Das *u* von *uncle* wird [ʌ] gesprochen, das Wort beginnt also mit einem Vokal. → ***the*** [ði], ***an***
Das *u* von *uniform* wird [ju:] gesprochen, das Wort beginnt also mit einem Konsonanten. → ***the*** [ðə], ***a***

72 Besonderheiten beim Gebrauch des Artikels

K

My sister is a doctor. I want to be a teacher.	Meine Schwester ist Ärztin. Ich möchte Lehrer/in werden.	Im Englischen stehen **Berufsangaben mit unbestimmtem Artikel**.
(to) listen to the radio (to) play the drums	Radio hören Schlagzeug spielen	Diese Wendungen stehen im Englischen **mit bestimmtem Artikel**.
(to) be at school (to) go to school/work (to) go to bed in Elm Street by car/bus/... after breakfast most people	in der Schule sein zur (zu der) Schule/Arbeit gehen ins (in das) Bett gehen in der Elm Street mit dem Auto/Bus/... nach dem Frühstück die meisten Leute	Diese Wendungen stehen im Englischen **ohne Artikel**.

73 Personalpronomen (Personal pronouns)

Personalpronomen stehen stellvertretend für ein Nomen (**Pro**nomen = **für** ein Nomen).

- Die Personalpronomen ***I, you, he, she, it, …*** sind **Subjekt** des Satzes. Deshalb spricht man von der Subjektform *(subject form)*.
- Die Personalpronomen ***me, you, him, her, it, …*** sind **Objekt** des Satzes. Deshalb spricht man von der Objektform *(object form)*.

	Subjektform	Objektform
Singular	I can't read this.	Can you help me?
	You're too quiet.	I can't hear you.
	Nick? Yes, he's here.	We can ask him.
	Debbie? No, she isn't here.	We can't ask her.
	Your book? It's on the desk.	I can fetch it.
Plural	We're doing our homework.	Can you help us?
	Jenny and Sally, where are you?	I can't see you.
	They're in the garden.	I can see them.

1: 1/4

K

He can help	me.	mir	He can ask	me.	mich
	you.	dir, Ihnen		you.	dich, Sie
	him.	ihm		him.	ihn
	her.	ihr		her.	sie
	it.	ihm, ihr		it.	es, ihn, sie
	us.	uns		us.	uns
	you.	euch, Ihnen		you.	euch, Sie
	them.	ihnen		them.	sie

1: 4

▶ Objektform des Personalpronomens nach *than* und *as*: 85

Im Gegensatz zum Deutschen gibt es im Englischen für jede Person nur eine Objektform. Vergleiche:

*Help **her**.* *Ask **her**.*
*Hilf **ihr**.* *Frag **sie**.*

Die englischen Personalpronomen *he* und *she* stehen nur für Personen und Haustiere. Wenn du von **Sachen** sprichst oder von **Tieren**, die **keinen Namen** haben, musst du im Englischen *it* verwenden.

K

the pen It's old.
der Füller **Er** ist …

the cat It's nice.
die Katze **Sie** ist …

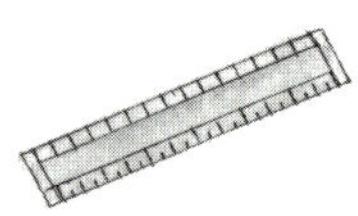

the ruler It's new.
das Lineal **Es** ist …

1: 1

Achte auf die richtige Entsprechung des deutschen „sie, Sie“!

K

I like Jenny. She's my friend. Sie ist …
I like Nick and Debbie. They're my friends. Sie sind …
Are you from Chester, Miss Hunt? Sind Sie …, Miss Hunt?
Sita is coming. I can see her. Ich kann sie sehen.
The twins are coming. I can see them. Ich kann sie sehen.
This is my school bag. It's new. Sie ist neu.

74 Possessivbegleiter (Possessive determiners)

I'm Debbie. And this is **my** brother Nick.	mein/e
You're nice. And **your** sister is nice, too.	dein/e
He's my friend. **His** name is Mike.	sein/e
Miss Hunt is a teacher. I'm in **her** form.	ihr/e
It's a rabbit. Here's **its** cage.	sein/e, ihr/e
We're in Form 7CH. **Our** teacher is nice.	unser/e
You're in Form 7SB. **Your** teacher is Mr Ball.	euer/eure
They're twins. **Their** name is Baker.	ihr/e

1: 2

Die **Possessivbegleiter** ***my, your, …*** drücken Besitz oder Zugehörigkeit aus. Sie stehen **vor einem Nomen**.

⚠ ***your*** [jɔː] – *dein, euer, Ihr*; ***you're*** [jʊə, jɔː] – *du bist, ihr seid, Sie sind*

its [ɪts] – *sein, ihr*; ***it's*** [ɪts] – *er/sie/es ist*

their [ðeə] – *ihr* (Plural); ***they're*** [ðeə] – *sie sind*

K Possessivbegleiter:

Where's **your** car, Miss Hunt?	… **Ihr** Auto, Miss Hunt
Sita is eleven. **Her** brother is fourteen.	… **ihr** Bruder
Your cat is nice. What's **its** name?	… **ihr** Name
They're twins. **Their** name is Baker.	… **ihr** Name

Personalpronomen:

Nick and Debbie, **you**'re late!	… **ihr** seid

Achte auf die richtige Entsprechung des deutschen „ihr, Ihr"!

75 Possessivpronomen (Possessive pronouns)

This isn't my pencil. **Mine** is green.	meine/r, meins
My pen doesn't write. Can I use **yours**?	deine/r, deins
Where are Ben's shoes? Those aren't **his**.	seine/r, seins
That isn't Sita's book. **Hers** is in the bag.	ihre/r, ihrs
Your dog is black, **ours** is brown.	unsere/r, unseres
Those aren't your CDs. **Yours** are here.	eure/r, euers
This isn't the Scotts' car. **Theirs** is bigger.	ihre/r, ihrs

2: 2

Die **Possessivpronomen** ***mine, yours, his, …*** drücken Besitz oder Zugehörigkeit aus. Sie stehen **allein, ohne Nomen**.

Man verwendet sie, wenn man ein schon genanntes Nomen nicht wiederholen will: In den Beispielen steht *mine* für *my pencil*, *yours* für *your pen*, *his* für *his shoes* usw.

Possessivbegleiter (+ Nomen)	**Possessivpronomen** (ohne Nomen)
It's **my** computer.	It's **mine**.
It's **your** computer.	It's **yours**.
It's **his** computer.	It's **his**.
It's **her** computer.	It's **hers**.
It's **our** computer.	It's **ours**.
It's **your** computer.	It's **yours**.
It's **their** computer.	It's **theirs**.

my, your, his, her **usw. stehen immer vor einem Nomen.**

mine, yours, his, hers **usw. stehen allein.**

76 *This, that – these, those* (Demonstrativbegleiter/Demonstrativpronomen)

DEBBIE This is a nice dog. And I like that **hamster**.
NICK These **rabbits** are great. And those are funny mice.

This, *that* (Singular) und *these*, *those* (Plural) stehen

- **vor einem Nomen** oder
- **allein, anstelle eines Nomens.**

In beiden Fällen weisen sie auf etwas hin. Man nennt sie **Demonstrativbegleiter *(demonstrative determiners)*** bzw. **Demonstrativpronomen *(demonstrative pronouns)***.

This is my room.	Dies/Das (hier) ist …
These shoes (here) are great.	Diese/Die Schuhe (hier) sind …
That's Nick's room.	Das (da/dort) ist …
Those shoes are terrible.	Die Schuhe (da/dort) sind …

Wenn etwas **näher** beim Sprecher ist, verwendet man eher *this* bzw. *these*.

Wenn etwas **weiter entfernt** ist, verwendet man eher *that* bzw. *those*.

1: 6

Mengenangaben (Quantifiers)

77 *Some, any – a lot of/lots of – no*

mit nicht zählbaren Nomen (with uncountable nouns)	**mit zählbaren Nomen** (with countable nouns)
I've got some **time**. … etwas Zeit.	And I've got some **ideas**. … einige/ein paar Ideen.
There isn't any **milk**. … keine Milch (mehr).	And there aren't any **apples**. … keine Äpfel (mehr).
We've got a lot of/lots of **tea**. … viel Tee.	And we've got a lot of/lots of **oranges**. … viele Orangen.
There's no **butter**. … keine Butter.	And there are no **crisps**. … keine Chips.

Time, milk, tea, butter sind **nicht zählbare Nomen**: Sie bezeichnen etwas, was man nicht zählen kann. Nicht zählbare Nomen haben **keinen Plural** und können nicht mit *a/an* oder *one/two/three/…* verwendet werden.

Idea, apple, orange, crisp sind **zählbare Nomen**: Sie bezeichnen etwas, was man zählen kann. Zählbare Nomen kommen im Singular und im Plural vor *(one apple – two apples)*.

Some und ***any, a lot of/lots of*** sowie ***no*** werden sowohl **mit nicht zählbaren Nomen** als auch **mit dem Plural von zählbaren Nomen** verwendet.

2: 3
▶ Nicht zählbare englische Nomen mit zählbaren deutschen Entsprechungen: 67
▶ *some/any*: 79

78 *Much – many*

mit nicht zählbaren Nomen (with uncountable nouns)	**mit zählbaren Nomen** (with countable nouns)
How **much** **money** have you got? – Not very **much**. Only £2. Wie viel Geld …? – Nicht viel.	How **many** **CDs** have you got? – Not **many**. Only six. Wie viele CDs …? – Nicht viele.

Mit **nicht zählbaren Nomen** darfst du nur ***much*** („viel") verwenden. Mit dem **Plural von zählbaren Nomen** darfst du nur ***many*** („viele") verwenden.

Much und *many* können – genau wie *a lot/lots* – auch allein, anstelle eines vorher genannten Nomens, stehen.

Mit nicht zählbaren Nomen *(money, time, milk, tea, …)*:

***much* („viel")**

Mit dem Plural von zählbaren Nomen *(CDs, apples, ideas, …)*:

***many* („viele")**

⚠ bejahte Aussagesätze: We've got **a lot of/lots of** **tea** and **a lot of/lots of** **oranges**.

verneinte Aussagesätze: But we haven't got **much** **coffee**.

Fragen: How **many** **apples** have we got?

In **bejahten Aussagesätzen** steht meist ***a lot of/lots of***. In **verneinten Aussagesätzen** und **Fragen** steht meist ***much*** bzw. ***many***.

A1: 7 (S. 181) • 2: 3

Some und *any* und ihre Zusammensetzungen

79 *Some* und *any*

bejahte Aussagesätze	The Snows need **some** [səm] **eggs**. – And **butter**? No. They've still got **some** [sʌm].	**einige/ein paar** **(noch) welche**
verneinte Aussagesätze	They do**n't** need **any** **apples**. – And **bread**? No. They do**n't** need **any**.	**keine** **keins**
Fragen	Do they need **any** **oranges**? Brauchen sie Apfelsinen? Have they got **any** **milk**? Haben sie (noch) Milch?	

Some („einige/ein paar"; „etwas/ein bisschen") verwendet man vor allem in **bejahten Aussagesätzen**.

Any steht vor allem in **verneinten Aussagesätzen** und in **Fragen**.

In Fragen hat *any* oft keine deutsche Entsprechung.

Wie die Beispiele zeigen, können *some* und *any* auch allein, anstelle eines vorher genannten Nomens, stehen.

A1: 8 • B2/D2/D2+: 3

80 Die Zusammensetzungen mit *some* und *any*

Für die **Zusammensetzungen mit *some*** und ***any*** gelten dieselben Regeln wie für ***some*** und ***any***:

bejahte Aussagesätze	There's **someone** in the house.	jemand
	I can see **something** behind the door.	etwas
	Lulu is **somewhere** in the garden.	irgendwo
	Let's go **somewhere** where it's warm.	irgendwohin
verneinte Aussagesätze	I can't see **anyone** in the room.	niemand
	There isn't **anything** in the bag.	nichts
	I can't find my pen **anywhere**.	nirgendwo
	We didn't go **anywhere** yesterday.	nirgendwohin
Fragen	Can you see **anyone** in the garden?	(irgend)jemand
	Do you need **anything?**	(irgend-) etwas
	Is there a bank **anywhere** near here?	irgendwo
	Did you go **anywhere** last night?	irgendwohin

2: 3

Someone (oder *somebody*), ***something, somewhere*** verwendet man vor allem in **bejahten Aussagesätzen.**

Anyone (oder *anybody*), ***anything, anywhere*** stehen vor allem in **verneinten Aussagesätzen** und in **Fragen.**

Sieh dir die Beispiele an und achte auf die deutschen Entsprechungen.

- **in bejahten Aussagesätzen:** ***some* bzw. *someone, something, somewhere***
- **in verneinten Aussagesätzen und in Fragen:** ***any* bzw. *anyone, anything, anywhere***

81 *Both*

Both girls can run very fast. *oder* **Both the girls** can …
Beide Mädchen / Die beiden Mädchen können sehr schnell laufen.

I want to listen to **both CDs.** *oder* … to **both the CDs.**
Ich möchte beide CDs anhören.

We both like music. *oder* **Both of us** like …
Wir mögen beide Musik.

They both speak French. *oder* **Both of them** speak …
Beide / Alle beide sprechen Französisch.

Both bedeutet „beide" (= „alle beide, der eine wie der andere").

K
Give me **both the bags.** … **beide / die beiden Taschen**
Both her children walk to school. **Ihre beiden Kinder …**
I like **both these T-shirts.** … **beide / diese beiden T-Shirts**

A2: 3

Beachte die Wortstellung: Im Englischen stehen **Begleiter immer nach *both*!**

Das Adjektiv (The adjective)

82 Gebrauch (Use)

Ben has got a new **computer**.

This **exercise** is easy.

K

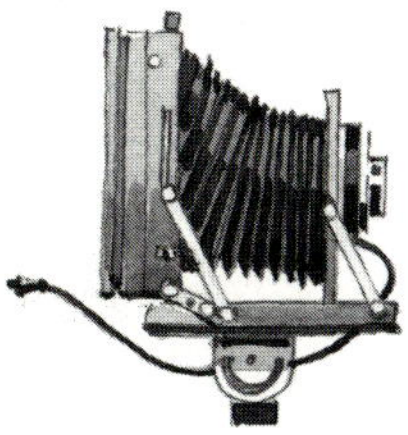

an **old** camera
ein **alter** Fotoapparat

an **old** watch
eine **alte** Uhr

an **old** telephone
ein **altes** Telefon

Adjektive beschreiben ein Nomen näher. Sie sagen etwas aus über die **Eigenschaften oder Merkmale einer Person oder Sache.**

83 Steigerung (Comparison)

		comparative	superlative
1.	small	smaller	smallest
	klein	kleiner	(der/die/das) kleinste …; am kleinsten
	dark	darker	darkest
	happy	happier	happiest
	funny	funnier	funniest
2.	careful	more careful	most careful
	vorsichtig	vorsichtiger	(der/die/das) vorsichtigste …; am vorsichtigsten
	boring	more boring	most boring
	terrible	more terrible	most terrible
	expensive	more expensive	most expensive

Im Englischen gibt es **zwei Arten der Steigerung**:

1. Durch Anfügen von *-er/-est* werden gesteigert:
   - **einsilbige** Adjektive
   - **zweisilbige** Adjektive, die **auf** *-y* enden.
2. Durch Voranstellen von *more/most* werden gesteigert:
   - die meisten **zweisilbigen** Adjektive, die **nicht auf** *-y* enden
   - Adjektive mit **mehr als zwei Silben.**

⚠

good	better	best
bad	worse [wɜːs]	worst [wɜːst]
much/ many	more	most
viel/viele	mehr	(der/die/das) meiste …; am meisten

Die Adjektive ***good, bad*** und ***much/ many*** haben besondere Steigerungsformen.

A2: 3 • B2/D2/D2+: 4

84 Besonderheiten bei der Schreibung und Aussprache der Adjektive, die mit *-er/-est* gesteigert werden

~~e~~	nice	→ nicer	nicest
	fine	→ finer	finest
g + g	big	→ bigger	biggest
t + t	hot	→ hotter	hottest
d + d	sad	→ sadder	saddest
-y + *-er/-est* → *-ier/-iest*	angry	→ angrier	angriest
	easy	→ easier	easiest

▶ Schreibung der 3. Person Singular des *simple present*: 40
▶ Schreibung der *-ing form*: 43
▶ Schreibung der *simple past*-Form der regelmäßigen Verben: 47

⚠ long [lɒŋ] → longer ['lɒŋgə] longest ['lɒŋgɪst]
young [jʌŋ] → younger ['jʌŋgə] youngest ['jʌŋgɪst]

A2: 3 • B2/D2/D2+: 4

Bei einigen Adjektiven musst du auf die Schreibweise der gesteigerten Formen achten. Die Regeln kennst du:

- Das stumme *-e* fällt weg.
- Nach einem **einzelnen, betonten Vokal** wird ein **einzelner Endkonsonant** *(-p, -b, -t, -d, -g, -m, -n)* verdoppelt.
- *-y* + *-er/-est* wird zu *-ier/-iest*.

- **Steigerung mit *-er/-est*:**
  - **einsilbige Adjektive**
  - **zweisilbige auf *-y***
- **Steigerung mit *more/most*:**
  - **zweisilbige, die nicht auf *-y* enden**
  - **alle mit mehr als zwei Silben**

85 Das Adjektiv in Vergleichen (The adjective in comparisons)

Ben is **as old as** Sita. so alt wie
He is **not as old as** Sanjay. nicht so alt wie

Sally is **older than** Jenny. älter als

Sanjay is **the oldest**. der älteste

K older **than** — älter **als**
more expensive **than** — teurer **als**

K My brother is **taller than me**. größer als **ich**.
But my sister is almost **as tall as him**. so groß wie **er**.

A2: 3 • B2/D2/D2+: 4

Wenn du Personen oder Dinge miteinander vergleichen willst, hast du mehrere Möglichkeiten:

- ***as … as***: *as old as, as expensive as*
- **Komparativ** (1. Steigerungsform) + ***than***: *older than, more expensive than*
- ***the*** + **Superlativ** (2. Steigerungsform): *the oldest, the most expensive.*

Im Englischen heißt „als" in Vergleichen immer *than*. (Niemals ~~*as*~~.)

Beachte, dass Personalpronomen nach *than* und *as … as* meist in der Objektform stehen (*me, him, her, us, them* statt *I, he, she, we, they*).

Das Adverb der Art und Weise (The adverb of manner)

86 Gebrauch (Use)

Susan always **drives** **carefully**.
Susan fährt immer vorsichtig.

Tina always **drives** too **quickly**.
Tina fährt immer zu schnell.

Adverbien der Art und Weise wie *carefully* und *quickly* beschreiben ein Verb näher. Sie sagen aus, **wie jemand etwas tut** oder wie etwas geschieht.

Die folgenden Beispiele zeigen dir den Unterschied zwischen Adjektiven und Adverbien der Art und Weise:

adjective

Susan is always **careful**.
vorsichtig

She is a **careful woman**.
eine vorsichtige Frau

adverb of manner

Susan **drives carefully**.
vorsichtig

▶ Stellung der Adverbien der Art und Weise: 12
A2: 4 • B2/D2/D2+: 6

- Das **Adjektiv** ***careful*** drückt aus, was für eine Frau Susan ist. Adjektive sagen also etwas über **eine Person oder Sache** aus. Adjektive stehen oft nach *be (is careful)* oder vor einem Nomen *(a careful woman)*.
- Das **Adverb** ***carefully*** drückt aus, wie (auf welche Art und Weise) Susan fährt. Adverbien sagen also etwas über **eine Handlung** aus.

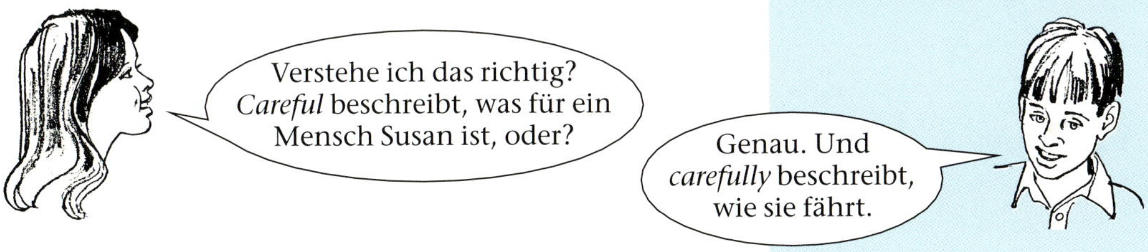

87 Bildung (Form)

adjective	adverb
Trundle is **slow**.	He works **slowly**.
Susan is a **careful** driver.	She drives **carefully**.
Tina is a **dangerous** driver.	She drives **dangerously**.

A2: 4 • B2/D2/D2+: 6

Die meisten Adverbien der Art und Weise werden vom entsprechenden Adjektiv abgeleitet, indem man *-ly* an das Adjektiv anfügt.

88 Besonderheiten bei der Schreibung

-y + *-ly* → *-ily*   happ**y** → happ**ily**
eas**y** → eas**ily**

- *-y* wird zu *-i-*.

~~le~~   terrib**le** → terrib**ly**
horrib**le** → horrib**ly**

- Die Endung *-le* fällt weg.

-ic + *-ally*   electron**ic** → electron**ically** [ɪˌlek'trɒnɪkli]
fantast**ic** → fantast**ically** [fæn'tæstɪkli]

- Nach *-ic* wird *-ally* angehängt.

A2: 4 • B2/D2/D2+: 6

89 Sonderformen (Special forms)

adjective	adverb
Sita is a **good** chess player.	She plays chess **well**.
We've got a **fast** car. The test was very **hard**.	It goes very **fast**. We had to work very **hard**.

A2: 4 • D2/D2+: 6

- Das Adverb zu *good* ist *well*.
- *fast* und *hard* haben als Adjektiv und Adverb dieselbe Form.

90 Steigerung (Comparison)

	comparative	superlative
1. Nick works quickly. schnell	Debbie works **more** quickly. schneller	Jenny works **most** quickly. am schnellsten
2. fast hard	fast**er** hard**er**	fast**est** hard**est**
⚠ well badly	**better** **worse**	**best** **worst**

A2: 4

1. Adverbien, die auf *-ly* enden, werden mit ***more/most*** gesteigert.
2. **Einsilbige** Adverbien werden mit ***-er/-est*** gesteigert.

Wie die Adjektive *good* und *bad* haben auch die Adverbien ***well*** und ***badly*** besondere Steigerungsformen.

- **Steigerung mit *more/most*: Adverbien auf *-ly***
- **Steigerung mit *-er/-est*: einsilbige Adverbien**

91 Das Adverb in Vergleichen (The adverb in comparisons)

Nick is running **as fast as** Debbie.
Ben is **not** running **as fast as** the twins.
Jenny is running **faster than** the others.
She is running **fastest**.

▶ Das Adjektiv in Vergleichen: 85

A2: 4

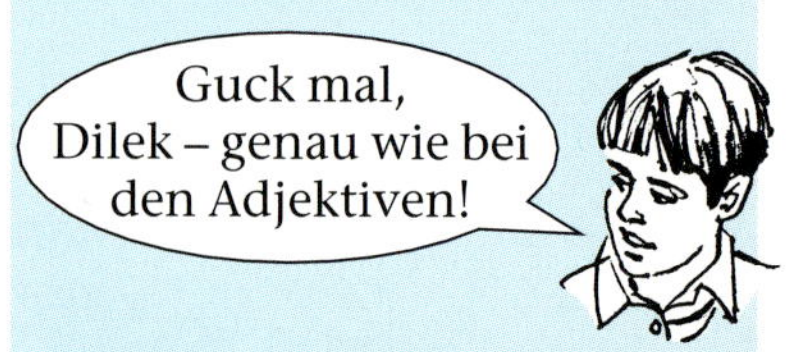

Fragewörter (Question words)

92 *Who* (Wer, wen, wem)

Who's that girl? (Wer ...?) – (It's) Sally.
Who collects stamps? (Wer ...?) – Nick (does).
Who did you meet at the party? (Wen ...?)
– (I met) Jenny and Ben.
Who do the twins help on Saturdays? (Wem ...?)
– (They help) their parents.

▶ Wortstellung in *who*-Fragen: 8, 9
2: 1 / 2: 2

Mit ***who*** fragst du nach **Personen.** Du kannst mit *who* nach dem **Subjekt** eines Satzes oder nach dem **Objekt** eines Satzes fragen:

- Fragen nach dem Subjekt: *Who is ...? / Who collects ...?* (Wer?)
- Fragen nach dem Objekt: *Who did you meet ...?* (Wen?) *Who do they help ...?* (Wem?)

93 *Whose* (Wessen)

Whose parents have got a flat over their restaurant?
– Sita and Sanjay's.
Whose socks are these? – (They're) mine.
Whose CDs are these? And whose are those?
Wessen CDs sind das hier? Und wem gehören die da?
– These are Nick's, and those are Debbie's.
Dies sind Nicks, und die da gehören Debbie.

2: 2

Mit ***whose*** fragst du danach, **wem (oder zu wem) etwas oder jemand gehört.**

⚠ In der Antwort auf eine Frage mit *whose* muss immer der *s*-Genitiv oder *mine, yours, his, hers* usw. stehen.

Whose dream house is this?

94 *What* (Was)

What made Jenny angry? – The noise (made her angry).
Was machte Jenny wütend? – Der Lärm (machte sie wütend).
What did Debbie buy at the Oxfam shop yesterday?
Was hat Debbie gestern im Oxfam-Laden gekauft?
– (She bought) a dress.
(Sie hat) ein Kleid (gekauft).

▶ Wortstellung in *what*-Fragen: 8, 9
2: 1 / 2: 2

Mit ***what*** fragst du nach **Dingen.** Du kannst mit *what* nach dem **Subjekt** eines Satzes oder nach dem **Objekt** eines Satzes fragen:

- Frage nach dem Subjekt: *What made ...?*
- Frage nach dem Objekt: *What did Debbie buy ...?*

K
What is Sita talking **about**? **Worüber/Über was** ...?
What is Ben laughing **at**? **Worüber/Über was** ...?
What are you waiting **for**? **Worauf/Auf was** ...?

2: 4

Im Englischen stehen **Präpositionen** in Fragen nach dem Objekt **am Ende** des Fragesatzes.

95 *Which* (Welche, welcher, welches)

Which bus goes to the town centre?
Which of these two bags is yours?
Which girl in your form runs fastest?

Mit ***which*** fragst du nach **Dingen oder Personen aus einer begrenzten Anzahl**: „Welcher Bus (von den an der Haltestelle angegebenen)?" / „Welche Tasche (von den beiden)?" / „Welches Mädchen (von den Mädchen in deiner Klasse)?"

⚠

Anzahl unbeschränkt

What colour are your eyes?
Welche/Was für eine Farbe ...?
Who watched the film last night?
Wer ...?

Anzahl begrenzt

Which colour do you want – blue or red?
Welche/Was für eine Farbe ...?
Which of you liked the film?
Wer von euch ...?

A2: 3 (S. 163) • B2: 2

96 *When, where, why, how, how many, how much*

When can you come? – At six.	Wann ...?	**Zeit**
Where's your father? – In the kitchen.	Wo ...?	**Ort und Richtung**
Where are you going? – To the CD shop.	Wohin ...?	
Where are you from? – Chester.	Woher ...?	
Why can't you come? – (Because) I'm busy.	Warum ...?	**Grund**
How do you spell the word 'cassette'?	Wie ...?	**Art und Weise**
How are you? Wie geht es dir?		
How old are you? Wie alt bist du?		
How many pets have you got? – Two.	Wie viele ...?	**Anzahl**
How much milk have we got? – One bottle.	Wie viel ...?	**Menge**
How much is the biro? – £4.95.	Wie viel kostet ...?	**Preis**

⚠

English	German
Where?	= **„Wo?"**
Who?	= **„Wer?"**

97 Präpositionen (Prepositions)

Präpositionen (Verhältniswörter) kennzeichnen z.B. örtliche und zeitliche Verhältnisse.
Sieh dir auch S. 57 an: Die Zeichnungen zeigen dir Bedeutung u. Verwendung einiger wichtiger Präpositionen.

about
I like books **about** ghosts. — **über** Gespenster
I'm phoning **about** the party. — **wegen** der Party

across
Let's swim **across** the river. — **(quer) über/durch** den Fluss

after (⧓ before)
Let's meet **after** lunch. — **nach** dem Mittagessen — **zeitlich**
'Smith' comes **after** 'Smart' in the list. — **nach** „Smart" — **Reihenfolge**

against
We played **against** Blacon High School yesterday. — **gegen** die Blacon High School

along
Turn left and walk **along** Elm Street. — die Elm Street **entlang**

around
Let's walk **around** Chester. — **in** Chester **umher** / **durch** Chester
Don't run **around** the classroom. — **im** Klassenzimmer **herum**

at
Jenny is waiting **at** the bus stop. — **an** der Bushaltestelle — **örtlich**
We met Paul **at** a party. — **auf** einer Party
Sanjay is **at** Sally's house. — **bei** Sally (zu Hause)

The match begins **at** 3 o'clock. — **um** 3 Uhr — **zeitlich**
Come back **at** the weekend. — **am** Wochenende

Wendungen mit *at*

at school	**in** der Schule
at the restaurant	**im** Restaurant
at home	**zu** Hause
at 22 King Street	**in** der Königstraße 22
at work	**bei** der Arbeit, am Arbeitsplatz
at the table	**am** Tisch
at sea	**auf** See
at the front	vorn
at the end (of)	**am** Ende/Schluss (von)
at the moment	**im** Moment, gerade
at the same time	**zur** gleichen Zeit
at night	**bei** Nacht, nachts
at once	sofort

before (⧓ after)
They usually go to bed **before** ten. — **vor** zehn (Uhr) — **zeitlich**
'Smart' comes **before** 'Smith' in the list. — **vor** „Smith" — **Reihenfolge**

behind (⧓ in front of)
What's **behind** the wall. — **hinter** der Wand

between
Can I sit **between** Nick and Ben? — **zwischen** Nick und Ben

beyond

This road goes **beyond** the village and into the fields. — **über** das Dorf **hinaus**

There's a lake **beyond** the wall. — **jenseits** der Mauer

by

Let's have a party **by** the lake. — **am** See

I like the songs **by** Michael Jackson. — **von** Michael Jackson (geschrieben)

I usually go to school **by** bike. — **mit** dem Fahrrad

down (▸◂ up)

The cat climbed **down** the tree. — den Baum **hinunter**

for

I've got a great present **for** my sister. — **für** meine Schwester

What do you usually have **for** breakfast? — **zum** Frühstück

Wendungen mit *for*

for example	**zum** Beispiel	**for** hours	stundenlang
for three weeks	drei Wochen lang	**for** a long time	lange Zeit

from

Simon is **from** Neustadt. — **aus** Neustadt — **örtlich**

Ben has got a letter **from** his cousins. — **von** seinen Cousinen

The museum is open **from** 10 to 6. — **von** 10 (Uhr) bis 6 (Uhr) — **zeitlich**

in

The dogs are **in** the garden. — **im** Garten — **örtlich**

My birthday is **in** July. — **im** Juli — **zeitlich**

Wendungen mit *in*

in bed	**im** Bett	**in** English	**auf** Englisch
in the street	**auf** der Straße	**in** the morning(s)	morgens, vormittags
in the field	**auf** dem Feld / der Wiese / der Weide	**in** the afternoon(s)	nachmittags
in the country	**auf** dem Land	**in** the evening(s)	abends
in the sky	**am** Himmel	**in** (the) summer	**im** Sommer
in the world	**auf** der Welt	**in** 1645	(**im** Jahre) 1645
in the picture	**auf** dem Bild		

in front of (▸◂ behind)

There's a big tree **in front of** our house. — **vor** unserem Haus

Deutsch „vor“

The bus stops **in front of** our house. — **örtlich**

My grandmother died two years **ago**. — **zeitlich**

I usually go to bed **before** ten o'clock.

It's ten minutes **to** ten.

into (▸◂ out of)

Suddenly the dog fell **into** the lake.	**in** den See **(hinein)**
Turn left **into** Oring Road.	**in** die Oring Road

like

That man looks **like** a film star.	**wie** ein Filmstar

near

Ashton is a village **near** Chester.	**in der Nähe von / nahe (bei)** Chester

next to

The bathroom is **next to** the bedroom.	**(direkt) neben** dem Schlafzimmer

of

This is a picture **of** my school.	**von** meiner Schule

▶ Die *of*-Fügung: 69

Wendungen mit *of*

north **of** London	nördlich **von** London	a piece **of** bread	ein Stück Brot
one **of** you	eine/einer **von** euch	a packet **of** crisps	eine Tüte Chips
a group **of** girls	eine Gruppe (**von**) Mädchen	a can **of** lemonade	eine Dose Limonade
nice **of** you	nett **von** dir	a tin **of** tomatoes	eine Dose Tomaten
a lot **of** work	viel Arbeit	two kilos **of** meat	zwei Kilo Fleisch
		two litres **of** milk	zwei Liter Milch

on

The books are **on** the table.	**auf** dem Tisch	**örtlich**
Write your sentence **on** the board.	**an** die Tafel	
My birthday is **on** 12th October.	**am** 12. Oktober	**zeitlich**

Wendungen mit *on*

on the beach	**am** Strand	**on** the radio	**im** Radio
on the coast	**an** der Küste	**on** TV	**im** Fernsehen
on the River Elbe	**an** der Elbe	**on** the phone	**am** Telefon
on my way (to)	unterwegs, **auf** dem Weg (zu/nach)	(to) be/go **on** holiday	**in** Urlaub sein/fahren
on the left	links, **auf** der linken Seite	**on** Friday	**am** Freitag
on the right	rechts, **auf** der rechten Seite	**on** Fridays	freitags
on the bus/train	**im** Bus/Zug	**on** the first night	**in** der ersten Nacht
		on my birthday	**an** meinem Geburtstag

Präpositionen in Zeitangaben

allgemeine Tageszeit	in the morning	on **Monday** morning	**näher bestimmte Tageszeit**
	in the afternoon	on **Tuesday** afternoon	
	in the evening	on **Friday** evening	
	at night	on **Sunday** night	

onto
The cat jumped **onto** the wall. — **auf** die Mauer **(hinauf)**

on top of
Put your book **on top of** the others. — **oben auf** die anderen

opposite
The hospital is **opposite** the church. — **gegenüber** der Kirche, der Kirche **gegenüber**

out of (⧓ into)
Don't climb **out of** the window. — **aus** dem Fenster **hinaus**

over (⧓ under)
Don't jump **over** the wall. — **über** die Mauer
I've got **over** 30 CDs. — **über** 30 CDs

past
It's ten minutes **past** nine. — **nach** neun (Uhr)

round
There's a wall **round** the garden. — **um** den Garten **(herum)**

through
Suddenly a ball came **through** the window. — **durchs** Fenster

till
The café is open **till** ten. — **bis** zehn (Uhr)

to
Ben would like to go **to** New York. — **nach** New York — **örtlich**
Have you ever been **to** Chester? — **in** Chester
Write a letter **to** your grandparents. — **an** deine Großeltern

It's ten minutes **to** nine. — **vor** neun (Uhr) — **zeitlich**
The museum is open from 10 **to** 6. — von 10 (Uhr) **bis** 6 (Uhr)

Wendungen mit *to*

(to) go **to** school	**zur** Schule gehen	Welcome **to** Chester!	Willkommen **in** Chester!
(to) go **to** the disco	**in** die Disko gehen	the answer **to** the first question	die Antwort **auf** die erste Frage
(to) go **to** bed	**ins** Bett gehen		

towards
Lulu ran **towards** Nick and Debbie. — **auf** Nick und Debbie **zu**

under (⧓ over)
The basket is **under** the table. — **unter** dem Tisch

until
We stayed **until** seven. — **bis** sieben (Uhr)

up (⧓ down)
The cat climbed **up** the tree. — den Baum **hinauf**

with (▸◂ without)

The Bakers have got a house **with** a garden. — **mit** einem Garten

Ben is **with** his cousins in Berlin. — **bei** seinen Cousinen

without (▸◂ with)

You can't play football **without** a ball. — **ohne** Ball

Präpositionen des Ortes

in front of the house | **behind** the house | **in** the house | **round** the table | **between** the children

near the cat | **next to** the cat | **at** the table | **on** the table | **under** the table | **over** the table

Präpositionen der Richtung

up the tree | **down** the tree | **into** the house | **out of** the house | **onto** the wall

along the street | **across** the street | **over** the wall | **against** the wall

through the forest | **round** the tree | **to** the cathedral | **towards** the cathedral | **from** the cathedral

98 Konjunktionen (Conjunctions)

Konjunktionen (Bindewörter) verbinden Wörter oder Sätze.

after
I made tea **after** Dad came home. — **nachdem**

and
Nick wants to stay at home **and** watch a video. — **und**

as
The bus made a lot of noise **as** it drove along the road. — **als, während**

because
We can't come **because** we're too busy. — **weil**

before
Finish your homework **before** you play football. — **bevor**

but
Ben hasn't got a pet, **but** he has got a computer. — **aber**

if
If you don't go now, you'll be late. — **wenn, falls**

or
Can you give me a pen **or** a biro? — **oder**

so
I was ill, **so** I didn't go to school. — **deshalb, daher, also**

so (that)
Please speak louder **so (that)** we can hear you. — **sodass, damit**

that
Marmalade says **that** Trundle is always late. — **dass**

until/till
Nick can't wait **until/till** the match begins. — **bis**

when
Nick and Debbie always do their homework **when** they come home. — **wenn**
I made tea **when** Dad came home. — **als**

▶ Wortstellung S – V – O in Nebensätzen: 10

Relativsätze (Relative clauses)

99 Gebrauch (Use)

The **girl** who is waiting at the airport is Ben's sister.
Das Mädchen, das am Flughafen wartet, ist Bens Schwester.

Is that the **ferry** which goes to England?
Ist das die Fähre, die nach England fährt?

Ben is the **boy** whose mother is from Germany.
Ben ist der Junge, dessen Mutter aus Deutschland kommt.

Relativsätze *(relative clauses)* beziehen sich auf ein vorausgehendes Nomen. Sie bestimmen dieses Nomen genauer: Erst durch den Relativsatz wird deutlich, wer oder was gemeint ist („welches Mädchen?" „welche Fähre?" „welcher Junge?").
Daher werden diese Relativsätze **bestimmende Relativsätze** oder auch **notwendige Relativsätze** genannt.

K

	Subject	Verb	Object
	That girl	helped	my dad.
That's the girl	who	**helped**	**my dad**.

Das ist das Mädchen, **das meinem Vater geholfen hat**.

▶ Wortstellung S – V – O in Nebensätzen: 10
A2: 8

Wie in allen Nebensätzen gilt in englischen Relativsätzen die **Wortstellung S – V – O**, das Verb steht also an derselben Stelle wie in einem Hauptsatz. Beachte, dass diese englischen Relativsätze **nicht durch Kommas abgetrennt** werden.

Relativpronomen (Relative pronouns)

100 *Who – which – that*

The boy	who/that	said that is silly.
Der Junge,	**der**	das gesagt hat, ist dumm.
Those are the girls	who/that	helped us.
Das sind die Mädchen,	**die**	uns geholfen haben.
Please get the book	which/that	is on the table.
Bitte hole das Buch,	**das**	auf dem Tisch liegt.
I only read books	which/that	are about animals.
Ich lese nur Bücher,	**die**	von Tieren handeln.

A2: 8

Die **Relativpronomen *who, which*** und ***that*** werden unterschiedlich verwendet:

- ***who*** wird für **Personen** verwendet,
- ***which*** wird für **Dinge (und Tiere)** verwendet,
- ***that*** kann für **Dinge und Personen** verwendet werden (für Personen ist ***who*** allerdings gebräuchlicher).

who *für Personen,*
which *für Dinge*

101 *Whose*

I talked to a boy	whose **mother**	is from India.
... mit einem Jungen,	**dessen Mutter**	aus Indien kommt.
Is that the girl	whose **father**	died last year?
... das Mädchen,	**deren Vater**	letztes Jahr gestorben ist.
I know a school	whose **pupils**	never write tests.
... eine Schule,	**deren Schüler**	nie Arbeiten schreiben.

Das **Relativpronomen *whose*** entspricht dem deutschen „dessen, deren". Es bezieht sich meist auf Personen, kann aber auch für Dinge und Tiere verwendet werden.
Auf *whose* folgt immer ein Nomen.

⚠ Is that the boy **whose** mother is from India?
The boy **who's** at the computer is my brother.

A2: 8

Verwechsle *whose* nicht mit der Kurzform *who's* (= *who is*).

102 Bedingungssätze, Typ I (Conditional sentences, type I)

Bedingungssatz (conditional sentence)

Nebensatz mit *if* (*if*-clause) | Hauptsatz (main clause)

If it rains this afternoon, we'll stay at home.

Wenn (= Falls) es heute Nachmittag regnet, bleiben wir zu Hause.

Ein **Bedingungssatz** drückt aus, was geschieht, wenn eine bestimmte Bedingung erfüllt wird. Die Bedingung steht im *if*-Satz („wenn es regnet"), die Folge steht im Hauptsatz („wir bleiben zu Hause").

If you **go** to the restaurant, you**'ll meet** Sanjay.
If we **don't go** now, we**'ll be** late.
If the weather **is** good, we**'ll have** a party in the garden.

Im *if*-Satz steht das *simple present*, im Hauptsatz steht das *will-future*.

⚠ **When** I see Jenny, I'll ask her to phone you.
Wenn (= Dann wenn ... / Sobald ...)
If I see Jenny, I'll ask her to phone you.
Wenn (= Falls ...)

Verwechsle nicht *when* („dann wenn", „sobald") und *if* („falls").

A2: 6 / D2+: 8

Kein *will* im *if*-Satz!

103 Unregelmäßige Verben (Irregular verbs)

Infinitive	Simple past	Past participle	
(to) **be**	**was/were**	**been**	sein
(to) **begin**	**began**	**begun**	beginnen, anfangen (mit)
(to) **bet**	**bet**	**bet**	wetten
(to) **blow**	**blew**	**blown**	wehen, blasen
(to) **break** [eɪ]	**broke**	**broken**	(zer)brechen; kaputtgehen
(to) **bring**	**brought**	**brought**	(mit-, her-)bringen
(to) **build**	**built**	**built**	bauen
(to) **buy**	**bought**	**bought**	kaufen
(to) **choose** [uː]	**chose** [əʊ]	**chosen** [əʊ]	(aus)wählen, aussuchen
(to) **come**	**came**	**come**	kommen
(to) **cost**	**cost**	**cost**	kosten
(to) **cut**	**cut**	**cut**	(aus)schneiden
(to) **do** [uː]	**did**	**done** [ʌ]	tun, machen
(to) **draw**	**drew**	**drawn**	zeichnen
(to) **drink**	**drank**	**drunk**	trinken
(to) **drive** [aɪ]	**drove**	**driven** [ɪ]	*(ein Auto, einen Bus usw.)* fahren
(to) **eat**	**ate** [et, eɪt]	**eaten**	essen
(to) **fall**	**fell**	**fallen**	(hin)fallen

(to) **feed**	**fed**	**fed**	füttern
(to) **feel**	**felt**	**felt**	fühlen; sich fühlen
(to) **find**	**found**	**found**	finden
(to) **fly**	**flew**	**flown**	fliegen
(to) **forget**	**forgot**	**forgotten**	vergessen
(to) **get**	**got**	**got**	bekommen; holen, besorgen; gelangen, hinkommen; werden
(to) **give**	**gave**	**given**	geben
(to) **go**	**went**	**gone** [ɒ]	gehen; fahren
(to) **have (have got)**	**had**	**had**	haben
(to) **hear** [ɪə]	**heard** [ɜː]	**heard** [ɜː]	hören
(to) **hit**	**hit**	**hit**	schlagen, treffen
(to) **hold**	**held**	**held**	(fest)halten
(to) **hurt**	**hurt**	**hurt**	verletzen, wehtun
(to) **keep**	**kept**	**kept**	(be)halten
(to) **know** [nəʊ]	**knew** [njuː]	**known** [nəʊn]	wissen; kennen
(to) **leave**	**left**	**left**	verlassen; weggehen, abfahren
(to) **light**	**lit**	**lit**	anzünden
(to) **lose** [uː]	**lost** [ɒ]	**lost** [ɒ]	verlieren
(to) **make**	**made**	**made**	machen
(to) **mean** [iː]	**meant** [e]	**meant** [e]	bedeuten; meinen, sagen wollen
(to) **meet**	**met**	**met**	(sich) treffen
(to) **overtake**	**overtook**	**overtaken**	überholen
(to) **pay**	**paid**	**paid**	bezahlen
(to) **put**	**put**	**put**	legen, stellen, *(wohin)* tun
(to) **read** [iː]	**read** [e]	**read** [e]	lesen
(to) **retell**	**retold**	**retold**	nacherzählen
(to) **ride** a bike	**rode**	**ridden**	Rad fahren
(to) **ring**	**rang**	**rung**	klingeln, läuten
(to) **run**	**ran**	**run**	rennen, laufen
(to) **say** [eɪ]	**said** [e]	**said** [e]	sagen
(to) **see**	**saw**	**seen**	sehen; besuchen
(to) **send**	**sent**	**sent**	schicken, senden
(to) **shake**	**shook**	**shaken**	zittern; schütteln
(to) **show** [əʊ]	**showed** [əʊ]	**shown** [əʊ]	zeigen
(to) **sing**	**sang**	**sung**	singen
(to) **sink**	**sank**	**sunk**	sinken, untergehen
(to) **sit**	**sat**	**sat**	sitzen; sich setzen
(to) **sleep**	**slept**	**slept**	schlafen
(to) **speak**	**spoke**	**spoken**	sprechen
(to) **stand**	**stood**	**stood**	stehen; sich (hin)stellen
(to) **steal**	**stole**	**stolen**	stehlen
(to) **stick**	**stuck**	**stuck**	kleben
(to) **sting**	**stang**	**stung**	stechen
(to) **swim**	**swam**	**swum**	schwimmen
(to) **take**	**took**	**taken**	(mit)nehmen; (weg)bringen
(to) **teach**	**taught**	**taught**	unterrichten, lehren
(to) **tell**	**told**	**told**	erzählen, berichten
(to) **think**	**thought**	**thought**	(nach)denken; glauben, meinen
(to) **throw**	**threw**	**thrown**	werfen
(to) **understand**	**understood**	**understood**	verstehen, begreifen
(to) **wake up**	**woke up**	**woken up**	aufwachen; (auf)wecken
(to) **wear** [eə]	**wore**	**worn**	tragen, anhaben
(to) **win**	**won** [ʌ]	**won** [ʌ]	gewinnen
(to) **write**	**wrote**	**written**	schreiben

Grammatische Begriffe (Grammatical terms)

adjective ['ædʒɪktɪv]	Adjektiv, Eigenschaftswort	*bad, good, big, expensive, …*
adverb ['ædvɜːb]	Adverb, Umstandswort	
adverb of frequency ['friːkwənsi]	Adverb der Häufigkeit	*always, never, often, usually, …*
adverb of indefinite time [ɪnˌdefɪnət 'taɪm]	Adverb der unbestimmten Zeit	*already, ever, just, never, often, soon, before, yet, …*
adverb of manner ['mænə]	Adverb der Art und Weise	*badly, carefully, happily, well, …*
adverbial [æd'vɜːbiəl]	adverbiale Bestimmung, Umstandsbestimmung	
adverbial of place	adverbiale Bestimmung des Ortes, Ortsangabe	Ben lives *in Ashton.* Come and sit *here/next to me.*
adverbial of time	adverbiale Bestimmung der Zeit, Zeitangabe	The shop opens *at 8 o'clock.* Do it *now/after lunch.*
article ['ɑːtɪkl]	Artikel, Geschlechtswort	▶ definite/indefinite article
auxiliary (verb) [ɔːg'zɪliəri]	Hilfsverb	*has* gone, *don't* see, *can* dance
clause element ['klɔːz‿ˌelɪmənt]	Satzglied	▶ subject, verb, object, adverbial
comparison [kəm'pærɪsn]	Steigerung; Vergleich	*big – bigger – biggest;* *as big as …; bigger than …*
complement ['kɒmplɪmənt]	prädikative Ergänzung (zum Subjekt)	Miss Hunt is *a teacher.* Shopping can be *fun.*
complex sentence ['kɒmpleks]	Satzgefüge (Haupt- und Nebensatz)	*I can't come because I'm ill.*
conditional sentence [kən'dɪʃənl]	Bedingungssatz(gefüge)	*If it rains, we'll stay at home.*
conjunction [kən'dʒʌŋkʃn]	Konjunktion, Bindewort	*after, and, because, but, or, …*
countable noun [ˌkaʊntəbl 'naʊn]	zählbares Nomen	*house(s), idea(s), child(ren), …*
definite article [ˌdefɪnət‿'ɑːtɪkl]	bestimmter Artikel	*the* [ðə] bag, *the* [ðɪ] apple
demonstrative determiner / pronoun [dɪˌmɒnstrətɪv dɪ'tɜːmɪnə / 'prəʊnaʊn]	Demonstrativbegleiter/-pronomen, hinweisender Begleiter / hinweisendes Fürwort	*this, that, these, those*
determiner [dɪ'tɜːmɪnə]	Begleiter	▶ article, demonstrative/possessive determiner
exclamation [ˌekskləˈmeɪʃn]	Ausruf, Ausrufesatz	*What a nice cat! / Oh, no!*
going to-future ['fjuːtʃə]	Futur mit *going to*	*I'm going to watch* TV tonight.
if-clause ['ɪf klɔːz]	Nebensatz mit *if*, *if*-Satz	*If it rains,* we'll stay at home.
imperative [ɪm'perətɪv]	Imperativ, Befehlsform; Aufforderungssatz	*Listen. Don't talk.*
indefinite article [ɪnˌdefɪnət‿'ɑːtɪkl]	unbestimmter Artikel	*a* bag, *an* apple
infinitive [ɪn'fɪnətɪv]	Infinitiv, Grundform des Verbs	*(to) go, (to) dance, (to) sit, …*
-ing form ['ɪŋ fɔːm]	*-ing*-Form	*going, dancing, sitting, …*
irregular verb [ɪˌregjələ 'vɜːb]	unregelmäßiges Verb	*go – went – gone*
long form ['lɒŋ fɔːm]	Langform	She *is* ten. / I *have* got a dog.
main clause [ˌmeɪn 'klɔːz]	Hauptsatz	If it rains, *we'll stay at home.*
main verb [ˌmeɪn 'vɜːb]	Vollverb, Hauptverb	I can *dance.* / We didn't *play.*
modal auxiliary [ˌməʊdl‿ɔːg'zɪliəri]	modales Hilfsverb, Modalverb	*can, could, may, must, …*
negative statement [ˌnegətɪv 'steɪtmənt]	verneinter Aussagesatz	*I don't like pop music.*
noun [naʊn]	Nomen, Substantiv, Hauptwort	*Ben, girl, hamster, idea, time, …*
object ['ɒbdʒɪkt]	Objekt	I like *pop music.*
object form	Objektform (der Personalpronomen)	*me, you, him, her, it, us, them*
object question	Objektfrage, Frage nach dem Objekt	*Who did she help?* – Her dad.
of-phrase ['ɒv freɪz]	*of*-Fügung	the name *of the street*
part of speech [spiːtʃ] (= word class)	Wortart	▶ noun, adverb, preposition, …
past participle [ˌpɑːst 'pɑːtɪsɪpl]	Partizip Perfekt, Partizip II	*played, stopped, gone, taken, …*
past progressive [ˌpɑːst prə'gresɪv]	Verlaufsform der Vergangenheit	It *was raining* all afternoon.
past tense [ˌpɑːst 'tens]	Vergangenheit(sform), Präteritum	▶ simple past, past progressive
personal pronoun [ˌpɜːsənl 'prəʊnaʊn]	Personalpronomen, persönliches Fürwort	*I, you, she, …; me, her, them, …* ▶ subject/object form

plural ['plʊərəl]	Plural, Mehrzahl	*apples, women, …; we, those, …*
positive statement [ˌpɒzətɪv 'steɪtmənt]	bejahter Aussagesatz	*I like pop music.*
possessive determiner [pəˌzesɪv dɪ'tɜːmɪnə]	Possessivbegleiter, besitzanzeigender Begleiter	*my, your, his, her, its, our, their*
possessive pronoun [pəˌzesɪv 'prəʊnaʊn]	Possessivpronomen, besitzanzeigendes Fürwort	*mine, yours, his, hers, ours, theirs*
preposition [ˌprepə'zɪʃn]	Präposition, Verhältniswort	*at, before, in, on, over, with, …*
present perfect [ˌpreznt 'pɜːfɪkt]	*present perfect* (Perfekt)	Sita *has* often *helped* me.
present progressive [ˌpreznt prə'gresɪv]	Verlaufsform der Gegenwart	Look, Sita *is helping* her father.
present tense [ˌpreznt 'tens]	Präsens, Gegenwart(sform)	▶ simple present, present progressive
progressive form [prəˌgresɪv 'fɔːm]	Verlaufsform (des Verbs)	▶ present/past progressive
pronoun ['prəʊnaʊn]	Pronomen, Fürwort	▶ personal/possessive/demonstrative/relative pronoun
prop-word ['prɒpwɜːd]	Stützwort	three cars: a red *one* and two green *ones*
quantifier ['kwɒntɪfaɪə]	Mengenangabe	*much/many, some/any, a lot, …*
question ['kwestʃən]	Frage(satz)	▶ yes/no question, question with question word
question with question word	Frage mit Fragewort	*Where's Sanjay?* – At home.
question tag ['kwestʃən tæg]	Frageanhängsel	You like pop music, *don't you?*
question word	Fragewort	*what, when, who, why, how, …*
regular verb [ˌregjələ 'vɜːb]	regelmäßiges Verb	*watch – watched – watched*
relative clause [ˌrelətɪv 'klɔːz]	Relativsatz	That's the girl *who helped me.*
relative pronoun [ˌrelətɪv 'prəʊnaʊn]	Relativpronomen	the girl *who/that…* the thing *which/that …* the boy *whose* parents …
sentence ['sentəns]	Satz	
sentence type ['sentəns taɪp]	Satzart	▶ positive/negative statement, question, imperative, exclamation
s-genitive ['es ˌdʒenətɪv]	*s*-Genitiv	*Nick's* sister, *our friends'* car
short answer [ʃɔːt_'ɑːnsə]	Kurzantwort	Can you see? – *Yes, I can. / No, I can't.*
short form ['ʃɔːt fɔːm]	Kurzform	She*'s* ten. / I*'ve* got a dog.
simple past [ˌsɪmpl 'pɑːst]	einfache Form der Vergangenheit	Sita *helped* me yesterday.
simple past form	*simple past*-Form	*played, stopped, went, took, …*
simple present [ˌsɪmpl 'preznt]	einfache Form der Gegenwart	Sita often *helps* her father.
singular ['sɪŋgjələ]	Singular, Einzahl	*apple, woman, …; I, that, …*
statement ['steɪtmənt]	Aussagesatz	*I (don't) like pop music.*
subject ['sʌbdʒɪkt]	Subjekt	*Jenny* likes pop music.
subject form	Subjektform (der Personalpronomen)	*I, you, he, she, it, we, they*
subject question	Subjektfrage, Frage nach dem Subjekt	*Who likes pop music?* – Jenny.
subordinate clause [səˌbɔːdɪnət 'klɔːz]	Nebensatz, untergeordneter Satz	I can't come *because I'm ill.*
tense [tens]	Tempus, Zeit(form)	▶ present/past tense
uncountable noun [ʌnˌkaʊntəbl 'naʊn]	nicht zählbares Nomen	*bread, tea, time, information, …*
verb [vɜːb]	Verb, Zeitwort, Tätigkeitswort	▶ auxiliary/main verb; regular/irregular verb
verb [vɜːb] (= verb phrase)	Prädikat	Shopping *can be* fun.
will-future ['fjuːtʃə]	Futur mit *will*	Sanjay *will be* 16 soon.
word class ['wɜːd klɑːs] (= part of speech)	Wortart	▶ noun, adverb, preposition, …
word order ['wɜːd_ˌɔːdə]	Wortstellung	
yes/no question	Entscheidungsfrage	*Is Sanjay at home?* – Yes, he is.

Register (Index)

Die Zahlen bezeichnen die **Abschnitte** des Grammatikheftes. (K = Kontrast-Abschnitt, ⚠ = Abschnitt mit Warndreieck)